JN394459

늑대 호공
들키고싶은

슬기로운
노후 독립

나이 드는 것은 시간의 문제가 아니라 태도의 문제다

오종남 지음

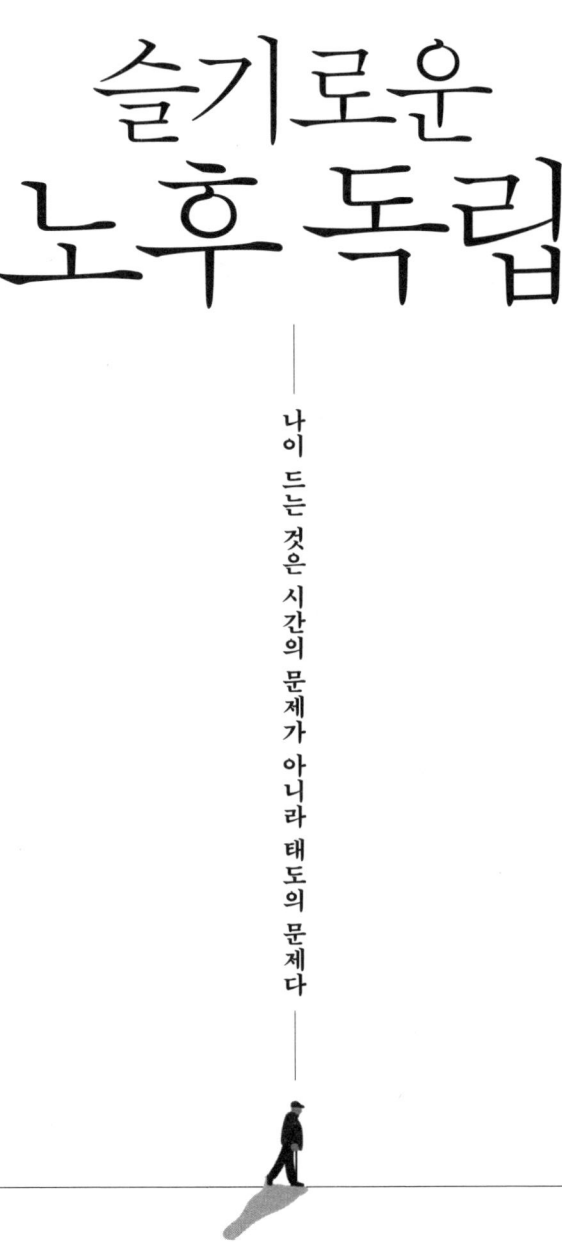

21세기북스

[프롤로그]

윤동주 시인은 1917년 12월 30일 북간도 명동촌(중국 길림성)에서 태어나 1945년 2월 16일 일본 후쿠오카 형무소에서 사망했다. 윤동주 시인의 서거 80주기가 되는 2025년에는 윤동주 시인을 기리는 행사가 유난히 많이 열린다.

2007년 서울대 과학기술최고전략과정(Science & Policy Advanced Research Course, SPARC) 주임교수를 맡게 된 저자가 2013년에 시작한 '서울대 SPARC 리더스포럼'에서도 3월 17일 「윤동주 시인의 삶과 시」라는 제목의 특강을 들었다. 아침 7시라는 이른 시간임에도 강의장을 메운 87명의 참석자들은 모두 깊은 감동을 받았다. 윤동주 시인은 서거 80주기가 된 지금도 여전히 우리에게 깊은 울림을 주고 계심을 실감했다.

특강에 앞서 평양 숭실중학교 동급생이던 김형석 교수님(1920년 4월 23일생)이 출연하신 〈행복의 비밀〉이라는 짧은 비디오를 시청했다. 김형석 교수님은 100세가 넘은 지금까지도 왕성하게 활동하시는 우리들의 귀감이다.

포럼 마무리에 저자는 윤동주 시인, 유관순 열사(1902~1920), 가수 배호(1942~1971) 등 요절한 위인들을 소환했다. 이분들은 짧게 사셨음에도 오늘날까지 우리 가슴속에 선한 영향력을 미치고 계신다. 한마디로 '짧고 굵게' 사신 것이다. 어쩌면 100세가 넘도록 활동하시는 김형석 교수님 못지않은 영향력이다.

한편 1960년 당시 52세였던 한국인의 평균수명은 2024년 84세가 되었다. 64년 동안 무려 32세, 즉 2년에 1세씩 평균수명이 늘어난 셈이다. 이제는 문자 그대로 '장수 시대'다. 2002년 2월 통계청장으로 부임한 저자는 이런 추세가 지속된다면 우리 세대의 평균수명은 90세가 될 수 있다는 생각을 했다. 여기에 저출산 추세까지 보태서 2005년에 『한국인, 당신의 미래』라는 졸저를 낸 바 있다. 그 책에서 다룬 주제가 바로 '21세기 삶의 공식, 30+30+30'이다.

요컨대 우리 부모 세대의 삶은 부모 밑에서 자식 노릇 30년, 부모 노릇 30년 하고 환갑을 맞으면 남은 인생은 자투리 인생, 곧 여생(30+30+알파)이었다. 그런데 우리 세대의 삶의 공식은 환갑 후에도 또 30년을 사는 '세 번의 30년(30+30+30)'이 된다는 내용이다.

우리 세대에게는 '짧고 굵은 삶'은 주어지지 않았다. 그 대신 '길게 사는 삶, 즉 장수'가 주어진 것이다. '길지만 가늘지 않게' 사시는 김형석 교수님은 "남이 감사할 일을 많이 하는 삶"이 '행복의 비밀'이라고 말씀하신다.

길게 사는 삶, 장수가 주어진 우리 세대에게는 남은 삶을 '어떻게 하면 가늘지 않고 슬기롭게 살 것인가'의 과제가 주어진 셈이다. '슬기로운 노후 독립'이라는 타이틀의 배경이다.

이 책은 크게 열한 개의 장으로 구성되어 있다.

첫째 장에서는 성큼 다가온 '100세 시대'의 모습을 그려보았다. 우리나라 노인들이 처한 현실이 녹록지 않다는 점도 함께 짚었다. 100세 시대 준비가 빠를수록 좋은 이유를 알아보는 장이라고 할 수 있다.

둘째 장에서는 '학업-취업-퇴직'의 전통적 라이프 사이클이 무너진 점을 지적하고, 그에 따라 달라질 노동시장과 근로 형태를 살펴보았다. 이제 청년과 노년층은 집에서나 일터에서나 함께하게 될 것이다. 그만큼 서로를 이해하고 인정하는 일이 필요하다.

셋째 장에는 인공지능 시대의 풍경을 담았다. 인간이 기계보다 잘할 수 있는 일이 무엇인지, 인공지능을 활용하여 한층 안전하고 편리한 노후를 보내려면 어떻게 해야 하는지 고민해보았다.

넷째 장에서는 나이가 들어서도 새로운 지식과 기술을 익혀야 하는 이유를 살펴보았다. 북유럽의 시니어 의무교육 제도 등 다른 나라의 사례도 살펴본다. 길어진 삶 속에서 배움의 의미를 다시 묻는 장이다.

다섯째 장에서는 다른 사람을 통해 자극과 조언을 받으며 끊임없이 발전할 수 있음을 다루었다. 라이벌이나 멘토의 존재는 실력과 잠재력을 키우는 데 큰 도움이 된다. 바람직하고 올바른 인생관과 행동 양식을 갖게 하는 롤모델의 필요성도 빼놓을 수 없다.

여섯째 장에서는 노년기가 길어진 만큼 시간과 인간관계를 관리하는 것이 무엇보다 중요함을 강조했다. 주위에 좋은 사람이 있으면 노후에 큰 힘을 얻을 수 있다. 그러려면 자신이 먼저 좋은 사람이 되어야 한다.

일곱째 장은 건강한 장수 전략이 필요하다는 내용이다. 노화는 피할 수 없지만, 노쇠는 미룰 수 있다. 늘그막에 찾아오는 병도 마음먹기에 따라 다르게 받아들일 수 있을 것이다.

여덟째 장에는 분수에 맞게 돈을 쓰는 방법을 담았다. 지출은 수입에 맞춰야 하고, 과욕과 허욕, 탐욕을 경계하는 일도 필요하다. 또한 노년기에도 '소비' 주체에 머무르기보다 '생산' 주체로 살아가기를 권했다.

아홉째 장은 부부 사이에 관한 것이다. '효도를 기반으로 한 노후 대비'는 더 이상 없다. 따라서 자녀에게 투자하는 돈과 시간을 줄여야 한다. 끝까지 함께 갈 사람은 자식이 아니라 배우자다.

열째 장은 품위 있고 행복한 노년이 되도록 노력하자는 다짐이다. 행복을 불러오는 마음가짐에 관해 살펴보았다.

마지막으로 열한째 장에서는 사회가 행복해야 개인도 행복할 수 있음을 논했다. '100세 시대'를 대비하는 일은 사회나 국가도 일정 부분 그 역할을 해야 할 필요가 있다. 아이 키우기 좋은 나라, 기업하기 좋은 나라는 개인과 국가 모두의 노력이 있어야 가능하다. 기술 진보는 자칫 불평등을 확대할 수도 있는 만큼 앞으로는 사회 통합에 더 큰 힘을 쏟아야 한다.

이 책은 '100세 시대'를 잘 대비하는 방법, 그리하여 우리나라가 앞으로도 세계의 주목을 받을 수 있도록 하는 방법을 고심한 결과다. 각자가 자기 위치에서 열심히 100세 시대를 준비하며, 동시에 어려운 이웃을 돌아보았으면 좋겠다. 나만 잘 사는 것이 아니라 함께 잘 살고자 해야 이 나라가 경제적인 측면과 사회적인 측면 모두 진정한 선진국이 될 수 있으리라.

부족한 저자의 생각인 만큼 미흡한 점이 많을 것이다. 이런 시각도 있구나 하고 이해해주십사 양해를 구한다.

목차

프롤로그 ● 004

1장 100세 인생, 현실이 되다

성큼 다가온 100세 시대 ● 015
100세 시대 준비는 빠를수록 좋다 ● 024

2장 변화는 이미 시작됐다

인생 다모작은 선택이 아닌 필수 ● 031
늘어나는 청년과 노년층 간 공존 기회 ● 035
긱 이코노미와 공유경제 확산 ● 040

3장 인공지능과 동행하는 세상

AI 시대의 풍경 ● 047
AI 시대, 일의 미래는? ● 053
AI로 노인 주거생활을 안전하고 편리하게 ● 057

4장 배움에 늦음은 없다

40세 이후 2차 성장을 위한 6가지 원칙 ● 065
롱런(long run)하려면 롱런(long learn)해야 한다 ● 071
북유럽 시니어 의무교육 제도 ● 077

학이시습지 불역열호 ● 081

미네르바 스쿨 ● 086

5장 라이벌만 한 명코치도 없다

김연아와 아사다 마오 ● 093

도전과 응전 ● 097

멘토를 곁에 두라 ● 101

6장 자투리 인생은 없다

삶을 재설계하기 ● 109

남성과 여성의 역할 재정립 ● 116

파트너십과 프렌드십 ● 120

경청 ● 127

7장 건강한 장수 전략을 취하라

노화와 노쇠는 다르다 ● 133

건강이 전부다 ● 137

늘그막의 작은 병은 신의 선물이다 ● 141

감정 노화 ● 145

감정이 뇌를 바꾼다 ● 149

8장 분수에 맞게 사치하기

소득이 많다고 부자는 아니다 ● 157

과욕, 허욕, 탐욕 ● 162

노년기, '생산' 주체로서 알뜰하게 살기 ● 166

9장 자녀보다 부부간 보살핌과 사랑에 집중하라

인생의 3대 바보와 3대 실패 ● 173

자식 투자, '올인'에서 '하프인'으로 ● 177

'효도를 기반으로 한 노후'는 더 이상 없다 ● 181

자녀가 아니라 배우자를 대접하라 ● 187

금슬 좋은 부부의 경제적 가치 ● 192

10장 품위 있고 행복한 노년의 비밀

노당익장 ● 199

철학자처럼 느긋하게 나이 드는 법 ● 205

여러분! 행복하십니까? ● 209

행복지수 = 가진 것 / 바라는 것 ● 215

참 행복 누리기 ● 221

11장 사회가 행복해야 개인도 행복하다

더는 방치할 수 없는 저출산·고령화 ● 229

천 리 길도 한 걸음부터 ● 234

아이 키우기 좋은 나라 만들기 ● 240

기업하기 좋은 나라 만들기 ● 245

기술 진보가 불평등을 확대하지 않도록 ● 249

새로운 시대에 걸맞은 새로운 직업관 ● 254

이제는 사회 통합에 힘을 쏟아야 ● 259

에필로그 ● 263

1장

100세 인생,
현실이 되다

성큼 다가온
100세 시대

2002년 2월 통계청장으로 부임했을 때, 세상은 빠르게 변화하고 있었다. 세기의 교차점에서 새로운 문물이 탄생하는 동안 사라지거나 시들해지는 것도 많았다. 그중 하나가 환갑잔치였다. 일가친척은 물론이고 이웃까지 불러 성대하게 잔치를 치르는 풍경은 좀처럼 볼 수 없었다. 생명표를 살펴본 나는 1960년 52.4세이던 평균수명이 2000년엔 75.9세로 40년 사이에 무려 23.5세가 늘어난 사실을 깨달았다. 대부분 70세 이상 살게 된 마당에 환갑을 거창하게 기념할 명분이 사라진 것이다.

당시 48세이던 나는 평균수명이 1년에 반 살 정도씩 늘어난다면 90세까지 살 수도 있겠다는 생각이 들었다. 예전에는 부모의 보호 아래 30년, 부모 노릇 하며 30년을 살고 환갑을 맞으면 그 후는 자투리 인생, 즉 여생(餘生)이었다. 하지만 이제는 환갑 이후 30년을 더 사는 세상이 올 거라고 본 것이다. 이를 토대로 '21세기 삶의 공식: 30+30+30'을 만들어보았다.

새천년을 맞은 지 불과 20여 년이 지났을 뿐인데 과학계와 미래학자들은 '100세 시대', 심지어는 '120세 시대'의 개막을 예고한다. 벌써 '21세기 삶의 공식'을 '30+30+30+α'로 바꿔야 하지 않을까 싶다.

오래 사는 것은 우리 모두의 소망이었다. 하지만 막상 소망이 이루어지고 나니 장수가 축복이 아닌 재앙일 수도 있다는 생각이 든다. 불안을 줄이는 방법은 오직 하나, 단단히 준비하는 것뿐이다.

미래를 대비하기 위해서는 현재를 살펴야 한다. 우리나라는 지난 60년 동안 '정치 민주화'와 '경제발전'을 동시에 이루었다. 우선 정치적으로는 1987년 헌법 개정을 통해 5년 단임 대통령 직선제를 채택한 이후 평화적 정권 교체의 전통을 확립했다. 경제발전 또한 경이로웠다. '제1차 경제개발 5개년 계획'의 첫해인 1962년 100달러에도 못 미치던 1인당 국민소득은 2024년에 3만 6,000달러가 되었다. 삼

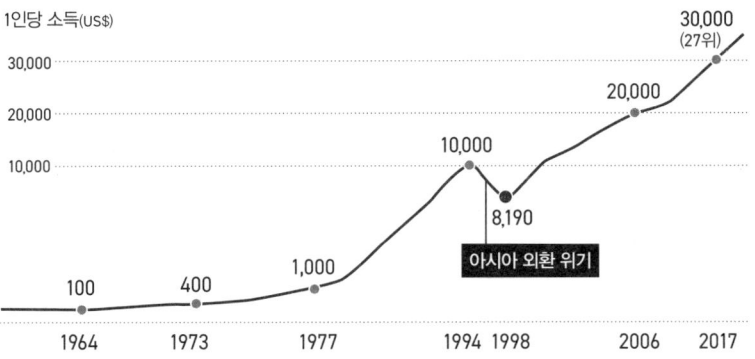

시 세끼를 걱정하던 나라가 다이어트를 생각하는 나라로 탈바꿈한 셈이다.

경제발전의 뒤안길에는 그림자도 있다. 대표적인 문제는 자살률이다. 그중에서도 과거 나라 발전의 주역이었던 고령층의 자살률은 인구 10만 명당 무려 53명으로, OECD 국가 평균의 2배에 가깝다. 자살 원인으로는 '경제적 어려움'과 '건강'이 가장 많다. 그렇다면 과연 누구를 위한, 무엇을 위한 경제발전이었는지 묻지 않을 수 없다.

우리나라의 노인 빈곤율은 심각한 상황이다. 소득이 중위소득의 50% 미만인 인구의 비율을 뜻하는 '상대적 빈곤율'은 2023년 기준 38%로, OECD 국가 중 최악이다. 기대수명은 세계 최고에 이르렀는

성큼 다가온 100세 시대

데 고령 인구 10인 가운데 4명이 빈곤에 처해 있는 것이다.

2024년 5월 통계청이 55세에서 79세까지의 1,600만 명을 대상으로 조사한 결과는 오늘날 우리나라 노인의 현주소를 가감 없이 보여준다. 월급 생활자들이 회사를 떠나는 연령은 평균 53세다. 그 가운데 49%는 연금 혜택을 받지 못한다. 그마저도 소득대체율이 20% 수준이다.

소득대체율이란 연금 가입 기간 동안 받아온 소득 평균 금액 대비 연금 수령액의 비율이다. 소득대체율 20%는 월평균 300만 원을 벌던 사람이 매월 60만 원을 연금으로 받는다는 뜻이다. OECD에서 안정적인 노후를 위한 적정 소득대체율을 65~75%로 권고하고 있음을 볼 때, 우리의 현실이 얼마나 열악한지 알 수 있다.

기회만 주어진다면 일을 하고 싶다고 응답한 사람은 70%에 달했다. 근로 희망 사유는 '생활비에 보태기 위해서'가 55%로, '일하는 즐거움' 36%보다 훨씬 많았다. 생계 걱정이 고령층을 일터로 내몰고 있는 형국이다.

통계청이 매년 노인의 날(10월 2일)에 맞추어 작성하는 「2024 고령자 통계」에 따르면, 2023년 혼자 사는 65세 이상 고령자 가구는 전체 고령자 가구의 37.8%로 파악되고 있는데, 특히 이 가운데 혼자 사는 고령자의 생활비 마련은 스스로 해결한다는 비중이 49.4%로 가장 많았고, 정부 및 사회단체 등 33.2%, 그리고 자녀 또는 친척 지원 17.5% 순으로 나타났다. 앞으로 고령층으로 편입되는 인구는 급속하게 증가할 텐데, 이들을 위한 일자리 마련이나 복지 유지는 쉽지 않으니 여간 문제가 아니다.

100세 시대는 분명 과학과 의학의 진보가 가져다준 선물이다. 하지만 노후 준비가 제대로 되어 있지 않은 사람에게는 재앙이 될 수 있다. 운 좋게 60세에 퇴직한다 해도 40년을 더 살아야 한다. 경제력과 건강이 따라주지 않으면 그 세월은 고통이 될 수밖에 없다. 과거에는 자식을 보험처럼 여기는 사람도 있었으나 이제 저출산과 고실업으로 자녀에게 부양을 기대하기도 어렵다. 자신의 노후를 스스로 책임지는 시대가 된 것이다.

우리에게 첫 번째로 필요한 것은 경제적인 준비다. 한 살이라도 젊을 때 부지런히 돈을 모아서 환갑 이후 남에게 아쉬운 소리를 하지 않을 만큼은 되어야 한다. 그러기 위해서는 돈을 버는 일과 불리는 일 양쪽 모두에 신경을 써야 할 것이다. 특히 자녀에게 '올인'하지 말 것을 강조하고 싶다. 21세기의 진정한 자식 사랑은 노후에 자녀에게 부담이 되지 않는 것이라고 생각한다.

둘째, 기대수명 못지않게 건강수명이 중요함을 깨달을 필요가 있다. 지식, 돈, 명예, 권력도 건강이 뒷받침될 때 그 가치가 빛난다. 이

성큼 다가온 100세 시대

렇게 말하면 대개 암이나 고혈압 같은 질환을 떠올리지만, 노인들은 근력이 부족해서 일상생활에 불편을 겪는 경우도 많다. 잘못된 생활 습관을 바로잡아 성인병을 예방하는 한편, 규칙적인 운동으로 근력을 유지해야 한다. 마음의 건강 역시 소홀히 할 수 없다. 모든 것은 마음먹기에 달렸다고 했다. 하루하루 긍정적인 자세로 살았으면 한다.

셋째, 행복을 추구하는 지혜도 필요하다. 미국의 경제학자 리처드 이스털린(Richard Easterlin)이 말하듯 사람은 기본적인 욕구를 충족하고 나면 물질적인 풍요만으로 행복을 느끼기 어렵다. 행복이란 자기가 바라는 바를 얼마나 이루었는가에 따라 그 수준이 정해진다. 결국 바라는 바를 낮추고 가진 것에 감사하는 태도만이 진정한 행복에 이르는 방법일 것이다.

마지막으로, 배우는 기쁨에 대해 이야기하고 싶다. 배우지 않고서는 급변하는 세상의 속도를 따라가기 힘들거니와 설사 생활에 도움이 되지 않는 배움이라도 배움 그 자체가 즐거움이다. 모으고, 움직이고, 배우는 사람이라면 성큼 다가온 100세 시대를 큰 두려움 없이 맞이할 수 있지 않을까?

수명 백만장자, 슈퍼센티네리언

많은 학자가 100세 시대를 예견했다. 이를 뒷받침하는 통계나 분석 자료도 다양하다. 런던경영대학 교수 린다 그래튼(Lynda Gratton)과 앤드루 스콧(Andrew Scott)은 자신들의 저서인 『100세 인생』에서 인류의 기대여명이 1840년 이래 매년 3개월씩 늘어왔다고 말한다. 인간이 조만간 150세까지 살 수 있을 거라고 주장하는 학자도 있다. 노화와 장수 분야의 권위자로 알려진 데이비드 싱클레어(David Sinclair) 박사가 그 예다.

세상 한편에서는 인간 수명을 500세까지 늘리는 프로젝트가 진행 중이다. 2013년 설립된 구글의 자회사 칼리코(Calico)는 최근 인공지능과 생명공학 기술의 힘으로 영생(immortality)이 가능할 수도 있다는 견해를 밝혔다. 이러한 움직임을 보건대, 인류의 평균수명은 아무래도 계속 늘어나지 않을까 싶다.

실제로 지구촌의 100세 인구(Centenarian)는 끊임없이 증가하고 있다. 유엔이 발표한 인구 통계에 따르면 1990년 9만 명을 시작으로 해마다 급증했는데, 2000년 15만 명에서 10년 만에 30만 1,000명으로 2배 이상 늘었고, 2015년에는 43만 명에 이르렀다. 유엔은 2030년에 100세 이상 인구가 100만 명에 도달할 것으로 예측한다. 이어 2045년에는 230만 명, 2050년에는 316만 명을 넘을 것으로 내다보고 있다. 머지않아 100세 이상 인구는 희귀 사례가 아닌 별도의 연령집단(cohort)으로 올라서게 될 것이다.

단순히 100세를 넘길 뿐 아니라 '100만 시간'을 넘게 사는 '수명 백만장자'가 속속 탄생할 기세다. 100만 시간은 114년 57일에 해당한다. 수명 백만장자 후보군인 110세 이상의 슈퍼센티네리언(Supercentenarian)은 2025년 기준 300~400명으로 추산되고 있다. 이렇듯 100세 시대는 꿈이 아닌 현실로 성큼 눈앞에 다가왔다.

슈퍼센티네리언 사례

이름	국적	나이와 성별	장수 비결에 관한 견해
오카와 미사오	일본	117세 여성 (1898~2015)	그저 잘 자고, 잘 먹었다. 느긋하게 마음먹었다.
마리아 카포비야	에콰도르	117세 여성 (1889~2006)	즐겁게 춤추고 고기를 먹지 않았다. 매일 기도했다.
잔 칼망	프랑스	122세 여성 (1875~1997)	유머 감각("눈도 잘 안 보이고 귀도 잘 안 들리고 기분도 별로지만 그래도 다 괜찮아요.")
월터 브로이닝	미국	114세 남성 (1896~2011)	즐거운 활동으로 몸과 마음을 바쁘게 움직였다. 평소 다른 사람들을 잘 돕고 죽는 것을 두려워하지 않았다.

잔 칼망 할머니, 나이 들수록 갖추어야 할 것: 유머 감각

지금까지 가장 오래 산 사람은 누구이며, 그 비결은 무엇일까? 주인공은 프랑스의 잔 칼망이라는 여성이다. 122세 6개월을 산 그녀는 공식적으로 최장수인이 되었다. 이승만 전 대통령(1875~1965), 알베르트 슈바이처(1875~1965)와 같은 해에 태어났고, 각각 90세로 타계한 그들보다 무려 32년을 더 살았다.

잔 칼망이 태어난 해에 레닌은 겨우 다섯 살이었다. 자동차와 전화, 영화, 비행기도 없던 시절이다. 칼망은 두 차례의 세계대전을 경험했다. 러시아 제국이 소비에트 연방이 되었다가 해체되고 러시아 연방이 되는 과정, 독일의 분단과 재통일, 냉전의 시작과 끝을 두 눈으로 목격한 사람이다. 근현대사의 산증인인 셈이다.

그녀가 살아 있는 동안 무려 20여 명의 대통령이 엘리제궁을 거쳐 갔다. 칼망은 생전에 빈센트 반 고흐를 직접 보기도 했다. 당시 그녀의 삼촌이 아를에서 직물 가게를 경영했는데, 고흐가 그곳으로 캔버스를 사러 오곤 했다고 한다.

프랑스 국립보건의학연구소(INSERM)의 장 마리 로빈(Jean-Marie Robine) 박사는 잔

1장 100세 인생, 현실이 되다

칼망이 이토록 오래 살 수 있었던 이유를 찾고자 애썼다. 그는 칼망 생전에 그녀를 직접 만났고, 100세 이상 산 사람을 900명 가까이 조사했다. 로빈 박사가 잔 칼망의 장수에 영향을 끼친 요인으로 꼽은 것은 세 가지다.

우선 가장 큰 이유는 부유한 가정환경이었다. 장 마리 로빈에 따르면 칼망은 프랑스 남부 아를의 부르주아 가문에서 태어났다. 정식 교육을 받는 여성이 흔하지 않은 시대였지만, 열여섯 살까지 학교에 다녔고, 스무 살 전에는 개인 교습으로 요리와 춤을 익혔다. 결혼은 스무 살에 했다. 자신보다 일곱 살 많은 부유한 상점 주인을 만나 평생 여유 있게 살았다고 한다.

로빈 박사는 칼망을 돕는 사람들이 항상 곁에 있었다는 점도 장수의 이유로 들고 있다. 칼망의 집에는 요리를 해주거나 물건을 사다 주는 사람들이 상주했다. 덕분에 칼망에게는 여가 시간이 많았고, 사교 활동을 적극적으로 할 수 있었다. 남편과도 자주 여행을 다닐 정도로 금슬이 좋았다.

잔 칼망의 세 번째 장수 비결은 긍정적인 사고방식과 가치관이다. 그녀는 전 세계에서 몰려든 기자들이 장수 비결을 물을 때마다 "좋은 추억은 좋은 영화처럼 기억하고 나쁜 추억은 나쁜 영화처럼 잊어버리는 것"이라고 답했다. "내가 오래 산 비결은 미소"라고 말한 적도 있다.

그녀는 말년에 거의 실명 상태였다. 다른 사람들의 말을 알아듣지 못했고, 휠체어 생활을 했다. 그럼에도 유머를 즐길 줄 알았다. 항상 "나는 웃으며 죽을 것"이라고 이야기하곤 했다.

잔 칼망은 분명 편안하게 살았다. 좋은 유전자를 지녔기 때문에 오래 살 수 있었는지도 모른다. 하지만 로빈 박사에 따르면 타고난 유머 감각 역시 큰 몫을 한 걸로 보인다. 칼망은 120세 생일에 이런 말을 했다고 한다.

"눈도 잘 안 보이고 귀도 잘 안 들리고 기분도 별로지만 그래도 다 괜찮아요."

100세 시대 준비는
빠를수록 좋다

노후 준비는 언제 시작하는 것이 현명할까? 나는 '지금 이 순간'이라고 생각한다. 노후를 준비하기에는 이미 늦었다고 말하는 사람도 있지만, 우리 인생은 언제나 '오늘이 가장 젊은 날'이다. 너무 늦은 때도, 빠른 때도 없으니 그저 시작하면 된다는 의미다.

사람은 대부분 나이가 많아질수록 수입 기반과 건강이 나빠진다. 벌이가 언제까지 계속될지 알 수 없고, 체력도 한 해가 다르게 떨어진다. 주위에는 아프다는 사람이 점점 늘어난다. 그러다 보면 정신적으로도 위축되기 쉽다. 그래서일까? 우리는 노년기를 내리막길에 비유하곤 한다. 그러나 잘만 대비한다면 인생의 후반기 역시 원기 왕성하게 보낼 수 있다. 사람에 따라서는 젊은 시절보다 더 큰 기쁨과 보람을 느낄지도 모른다.

중년 전문가 윌리엄 새들러(William Sadler)는 나이가 들어서도 삶을 잘 가꿔야 한다고 말한다. 그의 표현을 빌리자면 나이가 들어간다는 것은 '치명적인 D'와 연결되어 있다. 쇠퇴(decline), 질병(disease), 의존(dependency), 우울(depression), 노쇠(decrepitude)가 그것이다. 그런 다음에 우리는 '끔찍한 D', 바로 죽음(death)으로 생을 마감한다. 그렇지만 길어진 삶을 잘 이용하는 법을 배운다면 갱신(renewal), 재탄생(rebirth), 쇄신(regeneration), 원기 회복(revitalization), 회춘(rejuvenation)의 '활력적인 R'과 함께 미래를 설계할 수 있다. 누구나 언젠가는 은퇴하게 되는데, 그런 단계에 들어서더라도 얼마든지 새롭고 활력적인 삶을 누릴 수 있다는 이야기다.

행복한 100세 시대를 맞이하는 핵심은 '끊임없이 학습하고, 가능한 한 오랫동안 건강하게 보람 있는 활동에 종사'하도록 준비하는 데 있다. 단순히 '은퇴 후의 시간을 어떻게 보내도록 할 것인가'를 넘어 각자 스스로가 생애 전 주기를 포괄하는 뉴노멀(new normal)의 관점에서 100세 시대의 삶을 설계하고 실행하는 것이 중요하다.

물론 현재 연령대에 따라 100세 시대를 준비하는 관점이 달라질 수 있다. 향후 20년을 내다본다고 할 때 50세인 사람은 자신의 70세를 상상하고, 30세인 사람은 자신의 50세를 상상할 것이기 때문이다. 하지만 두 사람 모두 100세 시대를 염두에 두고 계획을 세워야 한다는 점은 같다. 이렇듯 100세 시대는 고령자 집단만의 문제가 아니다. 노인 세대뿐 아니라 모든 세대의 삶에 영향을 주는 사회적 변화를 수반하는 까닭이기도 하다.

노인 인구가 늘어날수록 사회의 부담도 가중된다. 각종 복지비용이 걷잡을 수 없이 늘어나 기존의 복지 제도만으로는 감당이 어려워질 수 있다. 정부가 빚을 내서 그 재원을 마련한다면 그 빚은 고스란히 다음 세대의 부담으로 남을 것이다. 이는 자칫 세대 간의 갈등을 낳고, 나아가 사회 통합을 방해하는 요인으로 이어지기 쉽다. 결국 100세 시대는 준비된 장수사회를 목표로 한다. 누구나 품격을 갖춘 삶을 살 수 있도록 하는 기본 틀을 모색하되, 고비용 장수사회가 아닌 적정 비용의 장수사회를 지향하는 것이다.

중국 송나라 때 주신중(朱新仲)이라는 유학자가 있었다. 그는 세상을 사는 동안 다섯 가지 계획을 잘 세우고 실천해야 한다는 '오계론(五計論)'을 주장한 바 있다. 오계란 생계(生計), 신계(身計), 가계(家計), 노계(老計), 사계(死計)를 말한다.

생계란 무엇으로 먹고살 것인지를 설계하는 일이다. 신계는 튼튼

한 몸을 가꾸는 것, 즉 건강관리를 위한 계획이다. 가계는 화목한 가정을 꾸리는 것인데, 여기에서 의미하는 가정은 부부 관계, 부모와 자식 관계, 형제 관계를 포함하고 있다. 노계란 말 그대로 나이가 든 뒤의 계획을 의미한다. '어떻게 건강을 관리하고 경제생활을 해가면서 자식과 사회에 부담이 되지 않을까' 하는 문제에 대한 것이라고 할 수 있겠다. 사계는 세상에 남길 자기 자신의 뒷모습을 가리킨다. '어떤 모습으로 세상을 떠날 것인가' 역시 계획해야 한다는 것이다.

인생 오계론의 영향으로 조선 중기 선비들 사이에서는 어떻게 해야 두려움 없이 편안한 마음으로 죽음을 맞을 수 있을지 고민하는 사계 문화가 번지기도 했다. 이런 고민은 이른바 '오멸(伍滅)'이라는 노후 철학으로 나타났다. 첫째는 멸재(滅財)로 삶에 미련을 잡아두는 재물을 극소화하는 것이고, 둘째는 멸원(滅怨)으로 살아오는 동안 남에게 산 크고 작은 원한을 애써 푸는 것이다. 셋째는 멸채(滅債)로 남에게 진 물질적·정신적 부채를 청산하는 것이며, 넷째는 멸정(滅情)으로 정든 사람과 정든 물건으로부터 정을 떼는 것이다. 마지막으로 멸망(滅亡)은 죽어서도 죽지 않고 사는 것인데, 여기에서 멸망은 '망하여 없어진다'는 뜻이 아니라 '결딴나지 않게 한다'는 뜻이다. 죽어서도 산 사람과 더불어 산다는 우리 제례 문화의 바탕을 말한 것이라고 한다.

우리에게도 노계가 필요하다. 어떻게 준비하느냐에 따라 30~40년에 이르는 인생 후반기가 석양처럼 빛날 수도 있고, 먹구름에 에워싸일 수도 있다. 사회 구성원 각자가 노후를 미리 계획하고 대비한다면 개인은 물론이고 사회도 큰 시름을 덜게 될 것이다. 복지비용 부담을 덜어내는 효과를 거둘 수 있기 때문이다.

꼭 돈이 되는 일을 해야만 하는 것은 아니다. 자원봉사나 학습, 건전한 스포츠와 레저 활동 등을 즐길 수 있다면 사회심리적 의미에서 생산적이고 품위 있는 노화가 가능하다. 어쩌면 노년이야말로 편안히 주위를 굽어볼 수 있는 때인지도 모른다. 인생의 내리막길이 아니라 정상에서 이어지는 탄탄한 평지를 걷고 있다는 마음으로 나아가면 좋겠다.

2장

변화는 이미
시작됐다

인생 다모작은
선택이 아닌 필수

종래에는 대부분 '학업-취업-퇴직'이라는 삶의 공식을 따랐다. 공부하는 데 20여 년을 보낸 다음, 취직해서 50~60세까지 일하고, 은퇴한 뒤에는 유유자적하는 식으로 사는 게 일반적이었다. 하지만 100세 시대에는 삶의 양상이 달라질 것이다. 런던경영대학 교수이자 장수 포럼 공동 창립자인 린다 그래튼은 3단계의 삶 대신 다단계의 삶이 보편화될 것이라고 주장한다.

18세기 초까지 인류는 크게 '아이'와 '어른'이라는 두 가지 카테고리로 나뉘어 있었다. 산업혁명과 함께 수많은 사람이 직장으로 출퇴근하는 생활을 하게 되었고, '틴에이저'와 '퇴직자'라는 새로운 카테고리가 등장했지만, 이 또한 나이가 기준이었다. 아이와 어른, 틴에이저와 퇴직자는 각각 비슷한 생활 방식을 보였다. 공식에서 크게 벗어나지 않은 삶을 살았기 때문이다.

미래 사회는 이와 다를 것이다. 학업과 취업, 퇴직을 하는 시기가 따로 있지 않을 거라는 의미다. 나이와 상관없이 일을 그만두고 다시 학업의 단계를 거쳐 새로운 일자리를 찾는 식의 생활이 흔해질 것이다. 두 개 이상의 직업을 가지거나 직업을 여러 번 바꾸는 사람도 많으리라고 본다. '학업-취업-퇴직'을 하나의 사이클이라고 칭한다면 평생 여러 개의 사이클을 거치는 셈이다. 예전 같으면 일손을 놓고 지냈을 나이에도 한 개 혹은 그 이상의 사이클을 거칠 가능성이 있다. 바야흐로 '인생 다모작'의 시대다.

주위를 둘러보면 이미 전통적인 삶의 공식이 무너지고 있음을 알수 있다. 사회에 첫발을 내딛는 나이도, 결혼하고 출산하는 나이도예전과 비교하면 한참 늦다. 한국의 평균 초혼 연령은 1960년 남성 25.4세, 여성 21.6세에서 2015년 남성 32.6세, 여성 30.0세로 높아졌다. 그리고 2023년엔 남성 34.0세, 여성 31.5세로 조금 더 높아진 모습이다.

벌써 10대와 20대는 이전 세대가 만들어놓은 의무의 굴레에서 벗어나 나름의 생활 방식을 추구하고자 한다. 결혼을 원하지 않거나 아이를 낳지 않는 사람, 다양한 형태로 일하는 사람이 늘어나고 있다. 가치관이 변하면서 가족 구조가 다양해지고, 레저 문화도 필연적으로 달라질 수밖에 없다.

특히 교육에 있어 변화가 두드러질 것으로 보인다. 수명이 짧고 노동시장이 안정적이었던 시절에는 20대까지 배웠던 것만 가지고 수십 년 동안 일할 수 있었다. 지금은 새로운 지식과 기술이 상상할 수 없을 정도로 빠르게 등장한다. 계속해서 배우지 않으면 세상의 변화를 따라갈 수 없다. 따라서 누구나 자기 능력을 재충전하는 노력을 소홀히 해서는 안 된다. 최근 북유럽에서 시니어 의무교육 제도의 도입을 진지하게 논의하는 이유도 바로 여기에 있다.

3단계 삶에서 다단계 삶으로 변해가면서, 하나의 단계에서 다른 단계로 바뀌는 '전환기' 역시 잦아질 것이다. 이전에는 학업에서 취업 단계로, 그리고 취업에서 퇴직 단계로 넘어갈 때 전환기를 겪었다. 단계가 늘어나면 이러한 전환기를 자주 거칠 수밖에 없다. 전환기에는 다음 단계에서의 역할을 무리 없이 해내기 위한 준비를 해야 한다. 여가 시간과 적당한 기분 전환, 신선한 자극을 위한 활동은 필수다. 무엇보다 새로운 지식과 기술을 습득하기 위한 투자가 필요하다. '학업'의 단계에서 이루어졌던 투자가 이제는 생애 전반에 걸쳐

해야 할 일이 된 것이다.

변화에 유연하게 대처하는 사람은 전환기를 잘 보낼 수 있다. 장수라는 선물을 잘 활용하려면 70세 혹은 80세까지 경제적으로나 사회적으로 활동을 해야 한다. 계속해서 새로운 직업과 기술이 출현할 것이기 때문에 의욕과 능력을 갖추고 있는 한 늦은 나이까지 일하는 것이 불가능하지만은 않을 것이다. 스스로를 부양받아야 할 존재라고 생각하며 복지 대상자로 남기보다는 자원봉사나 사회참여 등 주체적인 활동을 영위하는 것이 중요하다.

정부와 기업은 전통적인 3단계의 삶에 맞춰 만들어놓은 제도와 관행을 손봐야 한다. 교육, 취업, 연금, 재교육, 정년 등 사회 프로그램 전반을 다시 검토할 필요가 있다. 무엇보다 정년 제도를 조정하면 노동시장에서 연령 차별 문제가 완화된다.

인생 다모작은 이제 선택이 아닌 필수가 되었다. 개인뿐 아니라 사회 역시 이러한 변화를 예측하고 체계적인 준비를 해야 할 때다.

늘어나는 청년과
노년층 간 공존 기회

한때는 뒤늦게 대학에 가거나 졸업하는 사람에게 '만학도' 혹은 '늦깎이'라는 수식어가 붙었다. 기업체의 젊은 임원이 언론에 오르내리며 주목을 받기도 했다. 고위직은 당연히 나이가 지긋한 사람의 몫이라고 여겼기 때문이다. 앞으로는 이런 일이 대수롭지 않게 느껴질 것 같다. 100세 시대에는 서로 다른 세대가 뒤섞여 공부하고 일하며 생활하는 것이 자연스러울 테니 말이다.

물론 사람에 따라서는 계속 3단계의 삶을 선호할 수 있다. 그렇다고 해서 '나이'가 단계 선택이나 의사 결정의 유일한 기준이 되는 것은 아니다. 지금은 누군가가 자신을 대학생 혹은 기업체 부장이라고 소개하면 연령대를 대략 짐작할 수 있지만, 다단계의 삶이 보편화되면 소속이나 직업, 직위만으로 나이를 가늠할 수 없게 된다. 20대와 60대 학부생이 나란히 앉아 공부하고, 30대와 70대 매니저가 함께 영업 전략을 짜는 풍경을 볼 날이 머지않았다.

이러한 변화는 양날의 검과 같다. 서로 다른 세대가 같은 무대에서 활동함으로써 이해와 공감의 여지가 커질 수 있다는 점은 긍정적이다. 노령층은 정신적으로 젊음을 오래 유지할 수 있다는 장점도 있다. 전환기가 잦아질수록 유연성이 생기고 적응력이 좋아지는 등 청소년기와 같은 특징을 지니게 되는 까닭이다.

반면 우려되는 부분도 있다. 경제적·사회적 자원이 무한하지 않은 만큼 세대 간 경쟁도 커질 수 있다는 점이다. 100세 시대는 단순히 개개인의 수명이 연장되는 것을 넘어, 동시대를 살아가는 세대수가 증가함을 의미한다. 3대 혹은 4대가 같은 시대를 살아가야 한다. 따라서 길어진 노후를 위한 준비 못지않게 다른 세대와 더불어 살아가기 위한 준비도 중요할 것이다. 노인에게는 젊은 세대와 사회 변화를 이해하려는 노력이, 젊은 세대에게는 노인과 지나간 역사를 이해하려는 노력이 필요하다.

세대란 고정된 게 아니라 시간이 지남에 따라 이동해나가는 것이다. 노인은 누구나 젊은이의 시기를 거쳤고, 젊은이는 누구나 노인이 된다. 서로 다른 시대에 태어나 다른 환경에서 성장한 만큼 생각과 가치관, 문화 등 여러 면이 다르지만, 그것은 말 그대로 '다름'일 뿐 '틀림'이 아니다. 핵가족화로 인해 우리는 여러 세대가 더불어 살아가는 경험을 충분히 갖지 못하고 있다. 함께 어울리다 보면 보다 쉽게 서로의 입장을 알고 이해할 수 있게 될지 모른다.

우리보다 훨씬 앞서 고령화 문제를 겪기 시작한 일본의 경우, 인터넷상에서 세대 간 교류가 늘고 있다고 한다. 60~90대의 연령층을 중심으로 한 전국 단위의 인터넷 네트워크가 있는데, 이 네트워크는 1999년에 설립되어 2022년 현재 약 400명의 회원이 활동하고 있다. 이들은 '스마트 시니어'라고 불린다.

스마트 시니어들은 서로 정보를 교환할 뿐 아니라, 젊은이들이 필요로 하는 아이디어나 사업 기회를 제공한다. 그러면서 삶의 보람을 느끼고 부수적으로 수익을 올리기도 한다. 시니어들의 라이프 스타일을 연구하는 하쿠호도(博報堂) 생활종합연구소에 따르면 앞으로 "인터넷을 잘 활용하면서 평생 현역으로 사는 고령자가 더 늘어날 것"이라고 한다.

요즘처럼 기술 발달의 속도가 급격히 빠른 세상에서는 그 속도만큼이나 빠르게 새로운 기술이 기존의 기술을 대체한다. 하지만 그렇다고 해서 옛것이 무작정 쓸모없어지는 것은 아니다. 만유인력의 법칙을 발견한 뉴턴은 1676년 2월 5일 자신의 경쟁자였던 로버트 훅에게 보낸 편지에 이렇게 썼다.

"If I have seen further, it is by standing on the shoulders of Giants."

만약 자신이 멀리 보았다면(많은 과학적 성취를 이루었다면) 그것은 자신이 거인들의 어깨 위에 서 있었기에 가능했다는 뜻이다. 이는 뉴턴이 앞선 과학자인 코페르니쿠스와 케플러, 그리고 갈릴레이와 로버트 훅의 과학적 발견으로부터 많은 도움을 받았음을 고백하는 내용이다.

우리는 새것을 선호해서 옛것을 소홀히 하는 경향이 있다. 그러나 옛것을 바탕으로 하지 않은 새것이 과연 있을까. 공자와 같은 선현도 옛것을 익힌 뒤에 새것을 알아야 한다고 강조했다. 『논어』「위정」편에는 "옛것을 익힌 뒤에 새것을 알면 남의 스승이 될 수 있다(溫故而知新可以爲師矣)"는 구절이 있다. '온고(溫故)', 즉 이미 세상에 나온 지식과 지혜를 배우고 익혀서 '지신(知新)', 즉 새로움에 눈을 떠야 한다는 것이다.

옛것과 새것은 단절된 게 아니라 서로 긴밀하게 연결되어 있다. 20세기를 대표하는 서양철학자 화이트헤드는 "서양철학사는 플라

톤과 아리스토텔레스의 주석"이라고 말했다. 동아시아 철학도 춘추전국시대 제자백가의 주석에 불과하다고 할 수 있다. 서양철학이나 동양철학이나 모두 옛것을 익혀야 새것을 제대로 이해할 수 있다는 의미다. 어디 철학뿐이겠는가. 모든 학문과 지식이 마찬가지다.

역사란 '과거와의 끊임없는 대화'라고 한다. 지나간 것은 우리의 현재 모습을 잘 판단하게 해주는 표본이며, 미래 상황을 가늠할 수 있게 하는 지혜의 보고(寶庫)다. 노인의 경륜이나 지식 역시 한창 자라나는 세대에게 모두 쓸모없는 것이 아니다. 100세 시대의 조화로운 공존을 위해 모든 세대가 이 사실을 기억했으면 한다.

긱 이코노미와
공유경제 확산

긱 이코노미(Gig Economy)라는 말이 있다. '긱(Gig)'은 임시로 하는 일을 뜻한다. 1920년대 미국 재즈 공연장에서는 필요할 때마다 주변에서 연주자를 섭외해 단기간 공연을 했는데, 이로부터 유래된 말이 긱이다. 여기에 '이노코미(Economy)'가 결합하여 긱 이코노미라는 용어가 탄생했다. 따라서 긱 이코노미란 그때그때 임시직을 섭외하여 일을 맡기는 고용 형태를 가리킨다. 사람을 정식으로 채용해서 꼬박꼬박 급여를 주는 전통적인 방식과 달리 일감이 있을 때마다 계약을 하는 것이다.

긱 이코노미는 '플랫폼 노동'이라고도 한다. 최근 앱의 발달로 디지털 플랫폼을 통해 일시적인 일거리를 찾거나 일손을 구하는 일이 빈번해졌다. 운송 서비스 '타다'와 배달 대행 서비스 '배달의민족'이 대표적인 예라고 할 수 있다. 이렇듯 긱 이코노미는 노동시장의 새로운 트렌드로 떠오르게 되었다.

플랫폼 노동자는 자신이 원하는 일의 종류와 시간, 장소를 선택할 수 있다는 점에서 사실상 독립 노동자(independent worker), 일종의 프리랜서와 같다. 돈을 벌 기회가 늘어나고 노동 시간이 자유롭다는 장점이 있지만, 돈벌이가 안정적이지 않고 사회보험 등을 통한 고용 보호 측면에서 취약하다는 단점도 있다. 긱 이코노미가 나쁜 일자리를 확산시킬 뿐이라는 비판 역시 만만치 않다. 기업이 정식 고용에 따르는 여러 부담이나 세금을 회피할 수 있는 방편이라는 이유다. 하지만 일터로 향하는 문턱이 낮아진다는 사실도 간과할 수 없다. 특히 노령층 같은 비경제활동인구를 노동시장으로 끌어들이는 효과가 기대된다.

일본에서는 정년 후 재고용 제도(임금피크제 형식) 덕분에 65세, 길게는 70세까지도 일을 할 수 있다. 고령자고용촉진법의 시행으로 기업의 고령자 고용을 의무화하고 있기도 하다. 임금이 낮아지는 단점을 보완하기 위해 한 생명보험회사에서는 성과에 따라 재고용 시 월

급의 최고 1.5배에 달하는 돈을 지급하고 있다. 정년 제도를 아예 철폐한 기업도 있다고 한다. 그와 동시에 유연한 근무 제도를 도입해서 겸업을 허용하는 등 수입과 복지 면에서 다양한 안전장치를 마련하는 중이다. 이제 우리나라도 업무 분야에 따라 근무 방식이 자유로워지는 긱 이코노미가 좀 더 활성화되리라 믿는다.

긱 이코노미와 유사한 형태로 공유경제라는 경제모델이 있다. 물건을 팔고 사는 과정을 통해 '소유'하는 대신 서로 빌리고 나눠 쓰면서 '공유'하는 개념을 말한다. 요즘은 인터넷과 스마트폰을 이용해 차량이나 숙소, 회의장과 같은 공간을 필요할 때마다 빌려 쓰는 경우가 많다. 예를 들어 에어비앤비(Airbnb)라는 세계적인 숙박 공유 사이트는 취향과 예산에 맞는 숙소를 대여하기 위한 것인데, 반대로 이곳에 자신의 주거지를 등록하고 숙박을 원하는 사람에게 빌려줄 수도 있다.

이런 식으로 경제 생태계가 바뀌면 일과 여가 사이의 경계가 허물어지게 된다. 일하는 장소와 시간 또한 상황에 따라 달라진다. 우리는 COVID-19 팬데믹 상황에서 이미 부분적으로 재택근무나 탄력근무를 경험한 바 있다. 이런 추세라면 제조업 중심의 지역이나 도시는 점점 위축되는 반면, 스마트 시티를 중심으로 한 일자리 공간이 확대될 것이다.

스마트 시티는 다양한 아이디어와 고급 기술을 가진 사람들이 네트워크를 형성하며 일하는 장소로 떠오르고 있다. 한발 앞선 정보를 나누면서 혁신을 추구하고자 하는 이들이 늘어날수록 일종의 클러스터 역할을 하게 될 것이고, 그로 인해 경제학에서 말하는 수확 체증 법칙(increasing returns of scale)이나 두터운 시장(thick market) 효과가 나타날 것이다. 일할 기회와 장소 등 근무 여건 면에서 노년층에게도 유리한 변수가 될 것 같다. 이러한 변화는 분명 환영할 만하다.

3장

인공지능과
동행하는 세상

AI 시대의 풍경

미래학자들은 앞으로 다가오는 사회가 과거 그 어느 때와도 비교할 수 없을 만큼 엄청난 변화를 겪을 것이라고 말한다. 변화의 '속도(velocity)'가 빨라지고, 그 '범위와 깊이(breadth and depth)' 또한 이전과 다를 것으로 예상하고 있다. 인공지능(AI)이 인간의 미래를 어떻게 바꿀지 예측한 연구나 저술도 많은 편이다.

세계적인 미래학자 레이 커즈와일은 2005년에 출간한 저서 『특이성이 온다』를 통해 2029년에 인간 수준의 지능을 갖춘 컴퓨터가 등장할 것이며, 2045년에는 기계 지능이 인간 지능을 크게 능가하는 '특이성(Singularity)'이 나타날 것이라고 주장한다. 이때가 되면 우리 뇌를 슈퍼컴퓨터에 업로딩(up-loading)시킬 수 있게 될 것이라는 견해도 있다. 이는 미래학자 이안 피어슨(Ian Pearson)이 줄기차게 내세우고 있는 주장이다.

AI가 거의 모든 영역에 걸쳐 인류의 삶에 영향을 미칠 시대가 언제 도래할지 정확히 알 수는 없다. 그렇지만 신기술의 출현과 기술 혁신이 가속화되고 있음은 분명하다. 농경 중심의 사회에서 현대 사회로의 첫 번째 전환점이라고 할 수 있는 2차 산업혁명이 일어난 지 200여 년이 되었다. 오늘날 우리는 당시 인류가 상상도 하지 못한 세상에서 살고 있다. 미래 사회의 모습 또한 지금과는 크게 다를 것임을 어렵지 않게 짐작할 수 있다.

미래학자 바이런 리스(Byron Reese)는 금세기 안에 '제4의 시대'가 전개될 것이라고 말한다. 그에 따르면 지난 10만 년의 인류 역사에서 인간의 삶이 근본적으로 바뀐 것은 세 번뿐이다. 제1시대에는 '불'로 식량을 익히게 되면서 인간의 뇌(지능)가 압도적으로 발달했고, 제2시대에는 '농업'으로 인해 노동의 분배와 함께 도시가 출현하며 정착 사회와 계급이 생겨났다. 제3시대에는 '글과 바퀴'를 통해 사람들이 생각을 나누고 문명을 만들 수 있었다. 머지않아 슈퍼 인공지능의 시대가 도래할 텐데, 리스는 그 시기를 제4시대라고 부른다. 인류 역사의 네 번째 변혁인 셈이다.

제4의 시대에는 AI와 로봇 이외에도 사물인터넷(IoT), 자율차량, 5G, 가상현실(VR)과 증강현실(AR), 메타버스, 공유경제, 양자컴퓨팅, 3D 프린팅 등 다양한 분야에서 기술혁신이 빠르게 진행될 것이라고 한다. '4차 산업혁명'이라고 해도 무리가 없을 듯하다.

4차 산업혁명은 디지털 혁명이라는 관점에서 보면 3차 산업혁명과 크게 다르지 않은 것처럼 보인다. 그러나 둘 사이에는 현격한 차이가 있다는 것이 지배적인 견해다. 3차 산업혁명은 PC, 인터넷, 정보통신기술(ICT) 등을 기반으로 하고 있을 따름이라는 것이다. 4차 산업혁명이 획기적인 이유는 수십억 인류가 수많은 기기와 연결되면서도 중앙 집중형 서버가 아닌 분산 컴퓨팅을 매개로 탈중앙화, 공유, 개방을 통해 개인별 지능화 세계를 지향할 수 있다는 점에 있다.

우리가 원하든 원하지 않든 AI와 인류는 공존하며 살아갈 것이다. AI가 사람의 일을 상당 부분 대신함에 따라 많은 일자리가 사라질 것이고, 새로운 일자리 또한 끊임없이 출현할 것이다. 토마스 프레이(Thomas Frey) 같은 사람은 "2030년이 되면 자동화로 인해 세계적으로 20억 개의 일자리가 사라지고, 《포춘》 500대 기업을 비롯해 대학교 중 절반이 문을 닫을 것"이라는 이야기를 한다. 제레미 리프

킨(Jeremy Rifkin)은 『노동의 종말』에서 "정교한 S/W 기술이 노동자 없는 문명의 도래를 재촉한다"고 단언하고 있다.

이러한 여건에서 100세 시대를 살아가기 위해 자신이 가지고 있는 무기는 무엇인지 자문해볼 필요가 있다. 우리가 기억해야 할 한 가지는, 엄청난 변혁이 예견되는 인공지능 시대에도 여전히 그 모든 것의 중심은 사람이라는 사실이다. AI에게 맞설 수 없는 세상이 되더라도 공감이나 배려 같은 인성을 발휘해야 하는 업무만큼은 인간이 비교우위에 있게 될 것이다. 여기에서 인성이란 '개인의 내면을 바르고 건전하게 가꾸며 타인, 공동체, 자연과 더불어 살아가는 데 필요한 인간다운 성품과 역량'을 뜻한다.

글로벌 K팝 스타들이나 손흥민, 김연아처럼 세계적으로 성공한 스포츠 선수의 압도적인 퍼포먼스 이면에는 그들만의 빼어난 역량, 소위 '인성'이 크게 자리하고 있다. 전문가들은 변화무쌍한 무한 경쟁 무대에서 성실함과 인내, 친화력 같은 심리적 자원이 부실하면 언제 어디서건 갑작스레 튀어나오는 리스크에 대처할 수 없다고 말한다.

와튼스쿨 조직심리학 교수로 '인성의 신비'를 심층 탐구한 애덤 그랜트(Adam Grant)는 수많은 사례와 연구를 통해 '품성이 재능보다 중요하다'는 결론을 내린다. 실제로 세계적인 음악가, 예술가, 과

4차 산업혁명 시대를 대표하는 기술

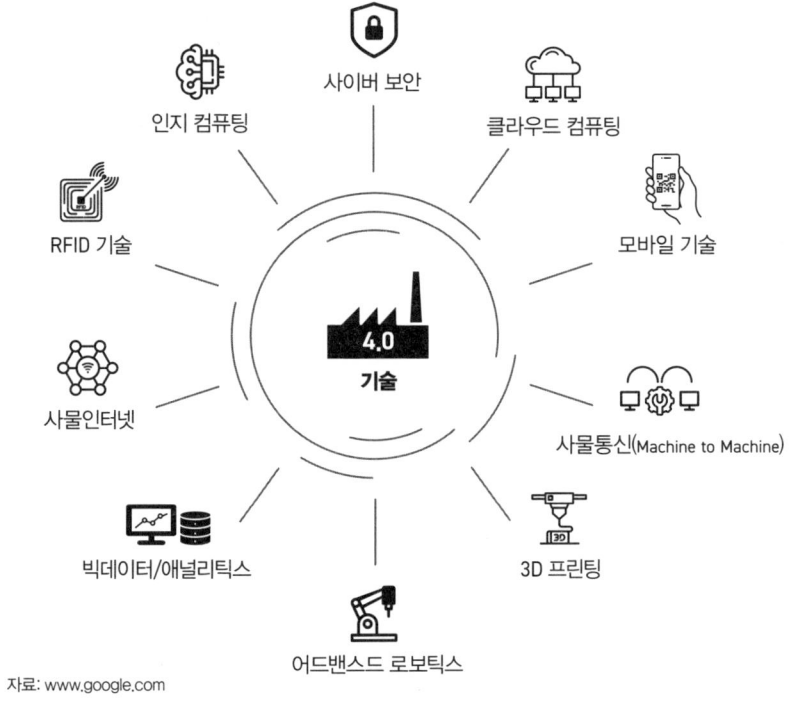

자료: www.google.com

학자, 운동선수들을 심층 면담한 결과 신동은 손에 꼽을 정도였다고 한다. 그들의 잠재력을 끌어낸 것은 품성이었다. 다만 애덤 그랜트는 성격과 품성을 구분 짓는다. 성격이 '평상시에 우리가 어떻게 반응하는가'라면, 품성은 '어려울 때 우리가 어떻게 대응하는가'라는 것이다.

AI를 올바른 방향으로 활용하기 위해서라도 인성의 중요성을 강조하지 않을 수 없다. 인성이 제대로 그 위력을 발휘하지 못하면 AI는 지금의 핵 문제처럼 지구촌의 큰 골칫덩어리로 남을 수도 있다. 그 유명한 스티븐 호킹은 "인류는 100년 안에 인공지능에 끝날 것"이라는 무시무시한 경고를 날리기도 했다.

어느 연령층에 있건 간에 미래 사회의 모습을 조망해보는 일은 반드시 필요하다. 빠른 속도로 다가오는 변화에 적극적이고 효과적으로 대처해야 한다. 그것이 어떤 환경에서든 삶의 보람을 극대화할 수 있는 방법이다.

AI 시대,
일의 미래는?

100세 시대가 되면서 예전 같으면 일손을 놓고 지낼 나이가 된 사람도 뭔가 활동을 해야만 하게 되었다. 그것이 돈을 버는 일이든, 그저 취미생활이든 아무 일도 하지 않고 있을 수는 없다. 그렇다면 어떤 일을 해야 할까? AI가 사람의 일을 상당 부분 대체할 거라는데, 과연 인간은 로봇에게 얼마나 많은 일자리를 빼앗기게 될까? 여전히 사람의 손길이 필요한 분야는 없는 걸까?

바둑 챔피언을 차례로 물리친 AI는 이제 자동차를 운전하며, 암진단은 물론 치료까지 하고 있다. AI가 어디까지 발전할 것인지, 인류에게 어떤 존재가 될 것인지 현재로서는 알 수 없다. 과연 일의 미래는 어떻게 될 것인가?

이와 관련해서는 두 가지 견해가 있다. 첫 번째 견해는 AI에게 없는 고유한 능력이 인간에게 있다는 것이다. 일찍이 화학자이자 철학자인 마이클 폴라니(Michael Polany)가 제기한 이 주장을 '폴라니의 역설'이라고 한다. 그는 "우리는 말할 수 있는 것보다 더 많이 안다"고 말한 바 있다. 인간은 말로 표현할 수 있는 지식도 가지고 있지만, 말로 표현할 수 없거나 표현하기 힘든 지식도 가지고 있다는 것이다. 폴라니에 따르면 이러한 암묵적 지식의 영역이 언어적 지식의 영역보다 훨씬 넓다.

노르웨이의 신경과학자이자 심리학자인 에드바르 모세르(Edvard Moser) 역시 "AI는 사람 뇌의 기능 중 일부를 극단적인 형태로 실행할 수 있는 기계에 지나지 않기 때문에 인간의 뇌 활동은 불필요해지지 않을 것"이라고 주장했다. 그런가 하면 하버드대학 경제학 교수 에릭 매스킨(Eric Maskin)은 "AI가 대체하는 만큼 새로운 일이 생겨날 것"이라고 보았다. 데이터 분석은 AI가 하겠지만, 그 의미를 이해해야 하는 것은 인간이다. 따라서 인간은 AI를 학습시킬 방대한 데이터를 조달할 방법과 AI 활용 방식을 사고할 수 있는 능력을 높여야 한다는 게 매스킨의 주장이다.

반면 미국의 로봇공학자 한스 모라벡(Hans Moravec)은 "어려운 일은 쉽고, 쉬운 일은 어렵다"라는 말을 남겼다. 인간에게 쉬운 것은 컴퓨터에게 어렵고, 반대로 인간에게 어려운 것은 컴퓨터에게 쉽다는 뜻이다. 인간은 컴퓨터와 달리 걷기, 느끼기, 보기, 의사소통 등 일상적인 행위를 쉽게 할 수 있다. 하지만 복잡한 수식 계산이나 논리 분석 같은 일은 컴퓨터가 인간을 훨씬 앞선다. 컴퓨터와 인간의 능력 차이를 역설적으로 표현한 이 말은 '모라벡의 역설'이라고 불린다.

다만 이는 AI와 로봇 개발의 초창기에나 통용될 수 있었던 역설이다. 2017년 11월, 미국의 로봇 제조사 보스턴 다이내믹스의 휴머노이드 로봇 '아틀라스'는 자연스러운 동작으로 단상에 올라서고, 뒤로 공중제비를 돌아 안정적으로 착지하는 모습을 보여주었다. 2018년 5월에는 사람처럼 안정적인 자세로 조깅을 하기도 했다. 따라서 모라벡의 이야기는 더 이상 성립되기 어렵다는 반론도 있다.

AI나 로봇이 우리의 일자리를 차지할 거라고 염려하기보다는, 나이가 들어가는 사람들의 인력을 대신하여 경제의 생산성을 높일 수 있다는 데 후한 점수를 주면 어떨까. 결과적으로 인간의 삶은 더욱 편리하고 풍요로워질지 모른다. 예를 들어 기업이 AI나 로봇을 이용해 생산성을 높이면 제품과 서비스의 생산비용을 절감할 수 있고,

판매 가격도 낮출 수 있다. 이는 수요 증가로 이어지고, 기업의 고용 증대 효과를 가져올 것이다. 개별 생산 단위에서 필요한 인력은 소수이더라도, 생산이 늘기만 하면 전체적인 일자리는 심각할 만큼 줄지 않을 것으로 보인다. 또한 기술 진보로 생산이 늘면 일자리가 늘어나는 효과도 가져올 수 있다. 기존에는 없었던 제품의 등장으로 그에 따른 일자리가 생길 가능성도 크다.

창의성, 감정이입, 문제해결 능력과 같이 여전히 AI나 로봇보다 인간이 우위에 있는 부분이 있다. 언제 무게중심이 옮겨갈는지 알 수 없지만, 이런 능력을 발휘하는 일자리는 상당 시간 기계가 넘보지 못할 것이다. 새로운 산업 분야가 부상하게 되면 거기에도 인간이 기계보다 잘 수행할 수 있는 영역이 존재할 테니 미래의 '소득 일자리'로 봐도 좋을 것 같다.

AI로 노인 주거생활을
안전하고 편리하게

　기술은 늘 세상을 바꿔왔다. 하지만 AI는 이전의 어느 기술보다도 인류의 삶에 크고 깊은 영향을 미칠 것이다. 우리가 원하든 원하지 않든 AI는 인류와 공존하게 되었다. 이제 우리는 100세 시대에 맞추어 AI의 긍정적 영향을 극대화할 필요가 있다.

　인간의 감정을 파악하는 AI를 '감정 AI(emption AI)'라고 부르는데, 이는 이미 우리의 실생활에 큰 도움을 주고 있다. 일정한 학습 과정(machine learning)을 거친 감정 AI는 인간의 감정을 해석하고 때로는 예측까지 한다. 가령 사람을 대신해 상품 안내와 설명, 결제 등을 하는 AI의 경우, 상품 절도와 같은 범죄에 취약하다는 단점이 있다. 이를 보완하기 위해 CCTV에 AI를 탑재하면 매장 안에 들어온 고객의 표정이나 행동을 눈앞에 두고 읽어내듯 할 수 있게 된다. 유사시엔 실시간으로 경비 전문업체에 연락이 가서 각종 사건과 사고를 미리 방지할 수 있다. 심지어 얼굴 일부를 가려도 그 사람의 감정을 읽을 수 있는 AI 기술이 나와 있는 상태다.

COVID-19 팬데믹 이후 무인 매장이 크게 늘고 있다. 무인 점포는 비교적 적은 자본으로 1인 창업이 가능하다. 감정 AI 기술을 활용한다면 노인층도 비교적 무리 없이 매장을 운영할 수 있을 것이다.

인간을 대체하는 것이 아니라 인간과 함께 일하면서 작업 효율을 높이기 위한 로봇도 출현했다. 차세대 산업용 로봇으로 주목받고 있는 이 협동 로봇은 '코봇(Cobot)'이라고 불린다. 리싱크 로보틱스(Rethink Robotics) 사가 최근 개발한 '소여(Sawyer)'가 바로 코봇이다. 기존의 산업용 로봇은 안전 문제도 있지만, 값이 비싸고 전용 프로그램을 사용해야만 움직일 수 있다는 단점이 있었다. 소여는 가격 면에서 경제적일 뿐만 아니라, 인간과 협력할 줄 아는 똑똑한 로봇이다. 충돌 감지 기능이 있어 작업자 보호가 가능하고, 간단한 작업 명령만으로 움직일 수 있다. 각종 작업 현장에서 노령층 도우미 역할을 똑똑히 해내는 친구라고 할 수 있다.

2014년 일본 소프트뱅크가 개발하여 판매 중인 로봇 '페퍼(Pepper)'는 사람의 표정 변화를 감지해서 슬픔이나 기쁨과 같은 감정을 읽어낸다. 목소리의 높낮이와 떨림으로 상대방에게 걱정거리가 있다는 사실을 알아내며, 상대방의 감정과 반응에 맞춰 말하고 행동한다. 현재 페퍼는 은행, 커피 전문점, 대형 쇼핑몰에서 고객 응대를 맡고 있다.

페퍼의 역할은 여기에서 그치지 않는다. 자폐인과 같이 주변 사람들과 의사소통이 어려운 사람의 소통을 돕기도 하고, 일반 가정에서 가족 구성원들의 생활을 돕기까지 한다. 그중에서도 홀로 지내는 노인들의 좋은 말벗이 되고 있다. 고령화와 저출산 문제를 동시에 겪고 있는 일본은 이런 감성 로봇을 광범위하게 활용하는 중이다. 감정 AI는 독거노인과 비혼족의 증가, 이혼이나 가족 갈등으로 인한 가족 해체와 같은 문제에 대처할 수 있는 유효한 해결책 중 하나다.

몸이 늙고 사회적 관계가 단절됨에 따라 마음마저 약해지면 생활의 질이 떨어질 수밖에 없다. 특히 거동이 불편해지면 혼자서 할 수 있는 일이 별로 없다. 그럴 때 많은 사람이 요양원과 같은 돌봄 시설을 떠올린다. 하지만 AI 기술로 만들어진 기구를 잘 활용하면 노인 혼자서도 어느 정도 일상생활을 꾸려나갈 수 있는 세상이 되어가고 있다. 자동차는 발의 확장이고, 카메라는 눈의 확장이라고 할 수 있듯 AI 또한 신체 기능을 보완하는 역할을 하기 때문이다.

노인 돌봄 시스템은 크게 스마트 홈, 스마트 휠스, 노인 돌봄 로봇 케어로 나눌 수 있다. 스마트 홈은 1인 가구 노인이 스스로 돌보며 살아갈 수 있도록 만들어진 집을 말한다. 사실 노년층은 혼자 살기가 쉽지 않다. 응급 상황에 대처하기가 가장 힘들고, 세탁기와 같은 전자 제품을 쓰는 것조차 힘들어하는 사람도 있다. 일상적인 활동을 위험하게 만드는 인지적 어려움에도 노출되어 있다. 이 때문에 많은 나라가 스마트 홈 개념을 적극 도입해 주거 공간 안에서 노인들의 안전사고를 차단하고, 건강관리를 지원하는 중이다. 고령화를 겪고 있는 나라 대부분은 독거노인을 돌볼 인력이 부족한 상황이기 때문이다.

미국 조지아공과대학은 '어웨어 홈(Aware Home, 깨어 있는 집)'을 선보였다. 이 집의 바닥에는 무게 감지 센서가, 벽에는 웹 카메라가 달려 있다. 노인의 동선을 파악하기 위함이다. 소파에는 심장박동 측정 센서가 있어 이상 신호가 감지되면 보호자에게 실시간으로 전송된다. 유사시 노인의 가족뿐 아니라 사회복지 담당자들에게 연락이 되어 적절한 보호 조치를 받을 수 있도록 설계되어 있다.

독일 홈 시스템스(HUM Systems) 사의 '리비 얼라이브(Livy Alive)' 제품은 180도 광각 카메라와 레이더 기술을 이용한 라이브 스트리밍을 통해 노인의 비활동이나 넘어짐 등을 감지할 수 있도록 만들어

졌다. 이 스마트 홈은 긴급 상황이 발생하면 리비(Livy) 앱이나 SNS
를 이용해 자녀 혹은 의료 전문인에게 자동 알림 메시지를 보낸다.
노인의 생활 패턴, 체력, 신체 조건 등에 따라 가구와 서랍의 위치,
화장실 구조 등을 편리하게 구성하기도 한다.

이 집에 사는 사람은 손목에 팔찌와 시계로 되어 있는 컨트롤러
를 차고 손동작으로 집 안에 있는 가전제품을 작동시킨다. 시계형
컨트롤러는 생체 측정을 통해 착용자의 건강 정보를 알려주기도 한
다. 환자의 행동 패턴을 데이터로 축적해 건강관리를 하는 것이다.
낙상은 물론 요로감염, 파킨슨병, 심혈관질환, 류마티스 관절염, 우
울증 등을 예측하여 의료기관에 알리는 시스템도 갖춰져 있다. 보행
과 체중을 측정하고 평가는 센서, 표정과 피부색을 진단하는 특수
카메라가 내장된 거울, 약물치료 진행 상황과 수면 상태를 비롯해
침대에 머무르는 시간까지 감지하는 시스템도 있다.

미국 은퇴자협회의 실태조사에 따르면 스마트 홈에 거주하는 노
인은 돌봄 시설로 거처를 옮긴 노인보다 인지능력이 좋으며 우울증
도 덜 앓는다고 밝혀졌다. 이는 우리에게도 좋은 시사점이 되고 있
다. 나이를 많이 먹는다고 해서 삶의 질이 마냥 떨어질 것이라고만
볼 수는 없다. AI를 효과적으로 활용한다면 노인 본인뿐 아니라 그
를 바라보는 가족들도 시름과 불편을 한결 덜어낼 수 있을 것이다.

도인 동물 로봇 개와 지빗

도인 동물 로봇 개는 시각적으로 인식하는 능력이 있어 시각적으로 반응할 수 있다. 간단한 음성 명령도 알아듣는다. 이와 같은 반려견 로봇은 동물 로봇의 제1호이다. 앞으로 더 다양한 동물들이 '생체공학'으로 로봇화될 것이 있다.

도인 동물 로봇 개는 실제 강아지처럼 짖거나 뛰어 놀며 집에서 애완동물로 키울 수 있고, 휠체어를 타거나 걷지 못하는 노인분들도 강아지를 키우는 즐거움을 만끽할 수 있다. 시각, 시청각적인 모든 것을 몸짓으로 표현하며 짖는 소리와 강아지의 온갖 움직임을 파일레에 저장해 놓아 실제 개의 소리와 같다. 자세 같고, 걷는 것은 이와 같이 감지 센서와 카메라를 통해 표현될 수 있는 것이다. 그 기능으로는 사용자의 기분을 나타내어 사용자가 심심해할 때 대화를 잡아 동물 앞에 나타나는 귀여운 애완견과 비슷하다.

그 다음의 경우는 인간과 자유롭게 대화를 할 수 있고, 유명한 많은 대화들이 입력되어 있어 말동무로 대하기에 부족함이 없다. 사람처럼 AI 두뇌를 해석을 그 다음에 AI 마이크로 칩이 활성화되어 인간들은 품에서 아이디 로봇으로 통화, '돌째 등이'로 고싶이 애매자기 만든다. 근로이들 장시간 스킬이싱하거나 몸과 마음을 사용해 활동통 증진시키고, 하반신 장지인 등이 개를 잡는 쪽 처럼 대화하으로 동물을 기를 수 있는 것이다.

오자이자처럼 생기 것으로 '미보(Aibo)'가 있으며 따라다니며 야 뭐 할 시간인지 일컴차, 집에 왔을 때 사람이 누구인지 알려주는다, 그 매체를 통해 메 일을 읽어주는 등 다양한 기능이 많이 있다. 동물이지만 사람과 매우 비슷한 기능을 한다. 강아지에 감정을 가지고 있고 감정 표현도 자유다. 기쁘거나 다정한 매 꼬리를 흔들어 표현 하기도 한다. 강아지 모양에 따라서 머리와 고도 꼬리와 귀를 움직일 수 있는 기능을 가지고 있다. 이와 같이 강아지 로봇의 장점은 음식을 줄 필요가 없고, 배변 훈련도 필요 없으며, 목욕도 시키지 않아도 된다는 점이다. 그리고 알레르기가 있어 강아지 같은 동물을 키울 수 없는 사람들도 편안한 로봇 개로 키울 수 있다. 수명이 짧은 동물들이 이제 오래도록 간직할 수 있는 기억으로 남을 것이다. 이는 동물을 대체할 수 있는 인공지능 로봇의 특징이며, 특히 노인들도 불편 없이 생활할 수 있는 장점이 있다.

4장

배움에
늦음은 없다

40세 이후 2차 성장을 위한 6가지 원칙

"나는 사람이 점점 늙어간다는 걸 믿지 않아. 그보다는 인생의 어느 시기에 딱 멈춰 서서 그때부터는 썩어가는 거라고 생각하지."

영국 시인 T. S. 엘리엇이 70대에 들어섰을 무렵 한 말이다. 이런 관점에서 보면 우리 삶의 전성기는 인생의 전반기에 온다. 수명이 길어졌다고 해봐야 특별히 기대할 게 없어 보인다. 나이가 든 뒤에도 능력을 키워가며 활기차게 살아갈 수는 없는 걸까? 전문가의 말을 빌리자면, 자기가 어떻게 하느냐에 따라 얼마든지 그렇게 살 수 있다.

미국에는 윌리엄 새들러(William Sadler)라는 사회학자가 있다. 한때 아프리카에서 생활했던 그는 아프리카 남성들이 실제보다 스무 살쯤 어려 보인다는 사실에 놀랐다. 아프리카 남성들은 중년의 나이에도 외모나 태도 면에서 젊은이와 같은 활력을 지니고 있었다. 반면 미국에 돌아와서 만난 40~50대 지인들은 아프리카에 사는 동년배들보다 훨씬 빨리 늙는 경향이 있었다고 한다.

새들러는 나이가 들어서도 젊음을 유지하며 활기차게 사는 것이 가능하다고 생각했다. 이에 하버드대학 성인발달연구소에서 '마흔 이후의 새로운 성장과 발달'이라는 주제로 20년 넘게 장기 임상 연구를 진행했고, 첫 연구를 시작한 지 12년쯤 되었을 무렵 『서드 에이지, 마흔 이후 30년』이라는 책을 펴냈다.

이 책에서 그는 중년에 들어서면 청년기 때의 '1차 성장'과 다른 새로운 '2차 성장'을 해야 한다고 결론 내린다. 그에 따르면 중년은 쇠퇴가 아닌 쇄신의 시기다. 새들러는 이 시기야말로 '더 많은 것을 원하고, 더 많은 것을 추구할 수 있는, 뜨거운 흥분이 필요한 나이'라고 주장한다. 21세기 들어 인류가 역사상 그 어느 세대보다 오래 살게 된 것은 '수명 보너스'를 받은 것과 같다. 우리는 우리의 부모나 조부모 세대와는 완전히 다른 모습으로 인생의 후반기를 새롭게 장식할 가능성을 부여받았다는 것이다. 물론 이는 전적으로 우리의 태도에 달려 있다.

새들러는 우리 인생을 크게 네 개의 시기로 나눈다. 학창 시절, 즉 청년기의 1차 성장 단계는 '퍼스트 에이지(first age)', 일과 가정을 위한 정착 단계는 '세컨드 에이지(second age)'다. '서드 에이지(third age)'는 학습을 통한 1차 성장 단계와는 다른, 깊이 있는 2차 성장을 통해 삶을 재편성하는 시기라고 할 수 있다. 특히 그는 마흔 이후 30년을 '우리 인생의 한복판에 놓인 미지의 광활한 시간'이라고 이야기한다. 이 서드 에이지는 우리 인생에서 엄청난 잠재력을 지닌다. 이후에 오는 단계는 성공적인 노화를 추구하는 '포스 에이지(fourth age)'다. 이 시기의 목표는 최대한 오래 살다가 조금이라도 젊게 인생을 마치는 데 있다.

서드 에이지에 자기 혁신으로 2차 성장에 성공한 이들을 직접 인터뷰한 새들러에 따르면 인생 후반기에는 착륙이 아닌 새로운 이륙을 해야 한다. 인생을 비행에 비유할 때, 우리는 50대로 들어서며 속도를 줄이고 서서히 고도를 낮춰 60대에 은퇴라는 육지에 안전하게 착륙해야 한다고 생각하는 경향이 있다. 새들러는 이 점을 지적하며 우리가 새로운 성장에 주력해서 이른바 '이륙'할 수만 있다면 서드 에이지야말로 인생에서 가장 길고 멋진 시기가 될 수 있다는 점을 강조한다. 중년을 위축시키는 것은 긴 세월이 아니라 고리타분한 삶의 방식이라는 것이다.

『서드 에이지, 마흔 이후 30년』에는 마흔 이후 새롭게 성장하는 데 필요한 6가지 원칙이 제시되어 있다. 첫 번째 원칙은 '중년의 정체성을 확립'하는 것이다. 그러기 위해서는 과거의 성취로부터 자유로워져야 한다. 자신의 나이를 부인하는 것도 옳지 않지만, 자신 안에 남아 있는 젊음까지 부인해서는 안 된다. 쉽게 말해 젊음과 원숙함을 하나로 통합할 필요가 있다는 뜻이다.

두 번째 원칙은 '일과 여가 활동의 조화'를 이루라는 것이다. 성인기 정체성은 대부분 사회적 지위, 경제적 지위와 연관되어 있다. 은퇴 후 자신의 역할이 없어졌다는 사실을 받아들이지 못하고 괴로워하는 사람이 많은 이유다. 새들러는 일에 대한 정의를 새롭게 내리라고 말한다. 의미 있는 활동, 자기를 표현할 수 있는 활동으로 일의 포트폴리오를 넓혀야 한다.

세 번째 원칙은 '용감한 현실주의와 성숙한 낙관주의의 조화'를 이루는 것이다. 이는 자신이 처한 상황을 있는 그대로 평가하라는 뜻과 같다. 현실의 장애물, 내적인 두려움도 인정하면서 강인함과 같은 긍정적 자질을 함께 키워야 한다. 도전을 기꺼이 받아들일 수 있을 때 진정으로 원하는 일을 할 수 있기 때문이다.

네 번째 원칙은 '자신에 대한 배려와 타인에 대한 배려 사이의 조화'다. 새들러에 따르면 중년들은 대체로 자신에 대한 배려를 이기심과 혼동해왔다. 하지만 나이가 들수록 스스로를 보살펴야 자신에 대한 분노가 줄어들며, 나아가 타인과 사회까지 배려할 수 있게 된다.

다섯 번째 원칙은 '진지한 성찰과 과감한 실행 간의 조화'를 이루는 것이다. 다소 다른 특성처럼 보이는 두 가지 요소를 통합하는 것이 중요하다. 자신이 지금 무엇을 할 수 있는지 스스로 깊이 살피며 묻고, 그런 연후에는 단호하게 실행에 옮기라는 조언이다.

마지막으로 여섯 번째 원칙은 '자신만의 자유와 타인과의 친밀한 관계 간의 조화'를 이룰 필요가 있다는 것이다. 새들러는 지금껏 중년의 자유가 조명받지 못했다고 평가한다. 다른 사람과 가깝게 지내는 것도 중요하지만, 개인의 자유를 누리는 것도 꼭 필요하다. 자유를 누리는 삶이란 자기 책임을 다하는 동시에 남이 아닌 자기 내면의 소리를 찾아가는 것을 뜻한다.

100세 시대에는 다단계의 삶을 살게 될 것이므로, 연령을 기준으로 한 새들러의 구분은 현실과 동떨어진 부분이 있을 수 있다. 그렇지만 서드 에이지에 해당하는 중년 시기를 성공적으로 보내야 장수시대가 제공한 기회를 잘 활용할 수 있다는 주장만큼은 충분히 귀기울일 만하다고 본다.

2차 성장을 위한 새들러의 6가지 원칙

· 중년의 정체성 확립하기

· 일과 여가 활동의 조화

· 용감한 현실주의와 성숙한 낙관주의의 조화

· 자신에 대한 배려와 타인에 대한 배려의 조화

· 진지한 성찰과 과감한 실행의 조화

· 개인의 자유와 타인과의 친밀한 관계의 조화

롱런(long run)하려면
롱런(long learn)해야 한다

인간은 태어나서 죽을 때까지 전 생애에 걸쳐 성장하고 발달한다. 따라서 배움에는 끝이 없고, 교육은 가정과 학교, 사회의 어디에서든 장소의 구분 없이 이루어져야 한다. 100세 시대가 도래한 만큼 배움의 시간은 더욱 길어질 수밖에 없다. 거기에는 세 가지 이유가 있다.

우선, 시대의 흐름을 좇기 위해서다. 급격하게 변해가는 세상에서 불변의 지식이나 기술이란 없다. 계속해서 배우지 않으면 눈 깜짝할 사이에 뒤처질지 모른다. 심리적 건강이나 여가 활동의 일환으로서도 배움은 늘 지속되어야 한다.

둘째, 100세 시대에 좀 더 체계적으로 대비하기 위해서다. 미래 사회에서는 '학업-취업-퇴직'이라는 사이클을 두 번 이상 거칠 가능성이 높다. 새로운 일자리를 얻으려면 거기에 필요한 지식과 기술을 습득해야 한다. 젊은 사람도 마찬가지다. 계속해서 새로운 지식과 기술을 배워가며 고용가능성(employability)을 높여나가야 할 것이다. 나이가 든 뒤에는 젊은 시절에 못다 한 공부를 하고 싶을 수 있고, 순수한 도전정신과 탐구심을 갖게 될 수 있다. 새로운 직업을 갖기 위해 공부를 해야 할 때도 있다. 정규 학교교육만으로 이러한 필요를 충족할 수는 없다.

일본에는 최근 재고용과 재취업보다 창업을 선택하는 시니어들이 늘고 있다고 한다. 첨단기술의 보급이 기폭제 역할을 했다. 첨단 IT, 네트워크 기술이 발달하면서 큰돈을 들이지 않아도 창업을 할 수 있게 되었기 때문이다. 무료 홈페이지 제작 서비스나 SNS를 통한 마케팅 활성화는 노년층의 창업 의욕을 높여주고 있다.

셋째, '기업의 요구'에 부응하기 위해서다. 시대의 변화에 따라 기업의 요구도 변화한다. 미래에는 기계가 사람의 일을 상당 부분 대신할 것이고, 따라서 한 분야의 전문 지식인보다 다방면의 영역에서 활동할 수 있는 인재가 각광받을 것이다. 그런 만큼 폭넓은 영역에 걸쳐 지식과 기술을 익혀야 한다. 국제 교류나 협력이 필요한 일에 종사한다면 새로운 문화와 언어에 대한 학습도 게을리할 수 없다. 업무에서 요구되는 핵심역량(core competency)을 갖추는 것뿐 아니라 계속 업데이트하는 노력이 필요하다.

평생교육은 대세가 되어가고 있다. 1965년 12월 유네스코에서 열린 '성인 교육을 위한 국제회의'에서 본격적인 논의가 이루어진 뒤, 유럽의 여러 국가는 평생학습을 국가 차원에서 전략적으로 뒷받침하겠다고 나섰다. 그동안 우리나라는 평생학습이라고 하면 시민 교양교육 정도로 여기는 분위기였다. 이제는 달라져야 한다.

평생학습 여건이 비교적 잘 갖춰진 일본의 사례를 살펴보자. 일본에서는 50세 이상을 위한 1년제 대학 과정이 있다. 도쿄 도내 릿쿄(立教)대학이 그 예다. 시니어 대학생은 연 40만 엔의 학비를 내면 주 5일간 일반 학생과 다름없이 강의를 들을 수 있다. 정식 학위는 주어지지 않지만, 1년을 더 이수하면 관련 자격증을 취득하는 것도 가능하다. 70명 정원에 매년 100명 이상 지원하고 있으며, 재학생 평균 연령은 62세라고 한다.

은퇴 후 얻은 자유 시간을 '학습'에 쓰려는 단카이 세대(베이비붐 세대)의 욕구와 학령인구 감소로 학생 충원에 어려움을 겪는 대학의 입장이 서로 맞아떨어지면서 '또 한 번의 대학 생활'은 큰 인기를 끌고 있다. 재정 지원도 활발하다. 니가타(新潟) 산업대학은 60세 이상 입학자에게 입학금과 수업료를 반액 감면해주고, 시즈오카(靜岡) 산업대학은 젊은이에게 지혜를 주는 시니어에게 장학금을 지급하기도 한다.

우리나라는 이러한 '시니어 대학생' 프로그램을 운영하는 곳이 없다. 다만 학교에서 실행하는 정기적인 수업부터 공개강좌, 토론회, 현장학습, 강습회, 통신교육, 그리고 대중 매체를 활용한 방법까지 다양한 형식으로 평생학습 기회가 제공된다. 기존 학교 시설을 이용한 노인 학습 센터, 어머니 교실도 흔하다. 방송통신대학이나 산업대학 같은 기관에서 실시하는 교육과 학점은행제가 있고, 공공기관과 사설 학교, 민간단체가 주관하는 교육 프로그램도 쉽게 찾아볼 수 있다. 사이버 강의와 같이 온라인 통신 매체를 통한 교육도 늘어나는 중이다. 시공간의 제약이 사라진 만큼 많은 돈을 들이지 않고도 손쉽게 배움의 기회를 얻을 수 있다는 점이 고무적이다.

100세를 넘긴 철학자 김형석 교수는 "65~90세 때가 가장 좋았다"고 말한다. 그러면서 은퇴 후에도 공부와 일을 놓지 말 것을 당부한다. 학교 공부는 사회생활에 필요한 최소한의 지식이나 교양을 갖추기 위한 것이었다. 적어도 지금까지는 그랬다. 하지만 미래는 평생직장이 아니라 평생직업의 시대라고 해도 과언이 아니다. 몇 개의 직장 혹은 직업을 거치게 될지 알 수 없다. 새로운 직장에서 요구하는 지식과 기술도 다양해질 것이다. 일자리가 불안할수록 배움은 선택을 넘어 생존의 과제가 된다. 남과 다르게 살기 위해, 남보다 앞서 나가기 위해 더 많이 배워야 함은 두말할 나위도 없다.

미래학자 앨빈 토플러는 "21세기 문맹이란 읽고 쓸 줄 모르는 사람이 아니라 배우고(learn), 배운 것을 잊고(unlearn), 다시 배울(relearn) 줄 모르는 사람"이라고 했다. "살아 있는 한 계속해서 사는 법을 배우라"던 로마 철학자 루키우스 세네카도 있다. 롱런(long run)하고 싶다면 롱런(long learn)해야 한다. 100세 시대를 살아가는 우리가 반드시 기억해야 할 말이다.

신경 가소성 이론

학습 능력은 나이가 들수록 떨어지는 것일까? 예전 같으면 당연히 '그렇다'고 답했을 것이다. 뇌의 기능은 어릴 때 가장 활발하며, 그 후에는 퇴화한다는 게 기존의 통념이었다. 하지만 오늘날 뇌과학자를 비롯한 전문가들은 다양한 실험과 연구를 통해 전혀 다른 견해를 내놓고 있다. 뇌는 계속해서 변하고, 우리가 새로운 것을 배울 때마다 새로운 연결망을 만들어 기억과 움직임을 구성한다는 것이다. 이러한 변화는 나이가 들어서도 나타난다.

학자들은 손상된 뇌세포가 회복되지 않는다고 믿었던 과거와 달리 학습(learning) 여부에 따라 뇌 기능이 회복될 여지가 있음을 규명해내기에 이르렀다. 실제로 뇌졸중이나 사고로 인해 일부가 손상된 뇌도 재활훈련을 통해 회복되는 사례를 관찰할 수 있었다. 뇌 가소성(腦可塑性, brain plasticity) 혹은 신경 가소성(神經可塑性,

neuroplasticity)이란 이처럼 뇌가 유동적으로 변하는 것을 의미하는 말이다.

신경 가소성을 좀 더 엄밀히 정의하면 '뇌가 학습이나 경험에 따라 기존의 신경망을 새롭게 구축하면서 그 형태를 바꾸어나가는 특성'이라고 할 수 있다. 특히 최근 자기공명영상(fMRI), 양전자방출단층촬영(PET), 경두개자기자극술(TMS), 자기뇌파 영상검사(MEG) 등 기능적 신경 영상 기술이 발달하면서 학자들은 성인의 뇌 역시 새로운 자극으로 그 구성요소가 활발히 바뀌어가는 것을 관찰하게 되었다.

예를 들어 일정 기간 저글링을 연습한 사람은 시각 운동 정보를 담당하는 뇌의 부위가 커졌다. 그리고 저글링을 수개월 멈추면 해당 부위가 다시 예전과 같은 크기로 줄어들었다. 런던에서 오래 일한 택시 기사들의 뇌를 스캔해본 학자도 있다. 그들의 뇌는 기억과 공간 개념을 조절하는 해마의 크기가 일반 사람에 비해 컸다고 한다. 대도시의 복잡한 길을 돌아다닌 경험이 쌓이면서 지리를 기억하고 공간을 이해하는 능력이 발달한 것이다.

2011년 미국 내 여러 대학에서 공동으로 진행한 연구 결과, 60세 이상 성인들이 1년간 꾸준히 유산소 운동을 했을 때 해마의 부피가 2% 증가하고 기억력이 향상되었다. 이 연구에는 커크 에릭슨(Kirk Erickson), 미셸 보스(Michelle Voss), 루치카 프라카시(Ruchika Prakash) 등 많은 학자가 참여했는데, 그들은 이러한 변화가 노화로 인한 신경세포의 감소를 1~2년 되돌리는 효과를 가져오는 것으로 설명했다. 나이가 든다고 뇌가 굳는 것은 아니라는 뜻이다. 뇌는 새로운 자극에 적응하고, 그에 맞춰 변화한다. 따라서 끊임없이 공부하고 경험하는 사람, 문화와 예술에 관심을 보이는 사람일수록 뇌의 퇴화나 치매 위험이 적다고 한다.

사람은 나이가 들수록 의사 결정에 신중해지고 운동 반응 속도가 느려진다. 어떤 학자들은 이를 두고 노인의 뇌 기능이 쇠퇴했다고 판단하는 것을 금물이라고 주장한다. 나이가 들어감에 따라 학습 능력이 저하된다는 의견은 이미 설득력을 잃었다. 신경 가소성 이론에 따르면 학습 능력은 후천적 환경과 노력을 통해 바꿀 수 있는 여지가 있다. 우리의 행동과 경험은 뇌를 변화시키고 삶을 변화시킨다. 그러니 나이와 상관없이 열심히 배울 이유는 충분하지 않을까?

북유럽 시니어
의무교육 제도

세계 최초로 전국적 의무교육 제도를 시행하는 법이 통과된 것은 1819년 프로이센 왕국에서였다. 프로이센 왕국은 18세기 중반부터 초등교육 의무화를 추진했다. 학교교육의 목적은 부국강병이었다. 오늘날에는 많은 나라가 의무교육을 실시하고 있다. 모든 국민이 균등한 학습 기회를 얻고, 기본적인 교육을 통해 한 사회의 구성원으로서 문제없이 살아가도록 하기 위함이다.

우리나라는 초등학교 6년과 중학교 3년이 의무교육 대상으로, 사립학교와 같은 특별한 경우가 아니라면 무상으로 학교에 다닐 수 있다. 고등학교 역시 무상교육이 이뤄지고 있지만, 의무교육 대상은 아니다. 보다 전문적이고 높은 수준의 사회 활동을 원하는 사람은 돈을 들여 대학교나 대학원 같은 고등교육기관에 진학한다.

하지만 학교에서 배운 지식만으로는 기술 발전 속도를 따라잡을 수 없는 시대가 되었다. 고등교육을 이수한 사람도 예외는 아니다. 로봇과 AI, 디지털과 바이오의 융합이 초래하는 새로운 산업혁명이 도래하면서 이런 현상은 더욱 심해질 것으로 보인다. 그런데 사회는 갈수록 고령화하고, 현재의 노인 복지 제도만으로는 노인 인구의 안정적인 생활을 보장하기 어렵다. 이에 따라 평생교육 정책을 점검해서 100세 시대에 적합한 제도와 시스템을 만들어야 한다는 목소리가 높다.

우리가 검토할 수 있는 대안 중 하나는 북유럽에서 추진 중인 '시니어 의무교육 제도'다. 취학연령이 되면 모든 어린이를 일제히 학교에 보내듯, 일정 연령 이상의 모든 노인을 의무적으로 다시 학교에 보내 세월의 갭을 메워주자는 발상이다. 평생교육 정책에서 크게 진일보한 셈이다.

일자리에서 물러나는 장년층 인구는 점점 늘고 있다. 연금 수령 나이가 올라가면서 노동시장에 머물러 있어야 하는 기간 역시 늘어나는 추세다. 고령자들은 이전 세대보다 적어도 5~10년 정도 더 일할 각오를 해야 한다. 특히 긱 이코노미 하에서는 기업에서 직원을 뽑을 때 하청업체와 고용 대리인을 이용하는 경향이 강해질 것이다. 노동시장이 조각조각 나뉘다시피 할 것이므로 육아휴직이나 휴일 수당 등 기존의 정규직 노동자에게는 당연했던 권리들이 보장되지 않을 수도 있다. 노동조합도 보호막 역할을 하지 못한다. 각 개인이 시대 흐름에 맞는 역량을 개발하는 것도 중요하지만, 그런 문제들에 대한 적절한 교육도 반드시 이루어져야 한다.

그렇다면 시니어 의무교육제는 어떻게 설계해야 할까? 누구나 60세가 되면 적성에 맞는 분야를 선택해서 학교에 갈 수 있도록 하는 방안도 좋을 것이다. 어떤 사람은 젊은 시절에 못다 한 공부를 하고 싶어서, 어떤 사람은 그저 순수한 도전정신과 탐구심으로 학교에 갈지 모른다. 새로운 분야에서 일하기 위해 공부하겠다는 사람도 있을 것이다. 그런 사람은 직업훈련 과목을 택하면 되고, 문화생활을 원하는 사람은 그와 관련된 과목을 택하면 된다. 체계적인 교육을 통해 전문지식을 갖춘 자원봉사 인력이 늘어나면 사회문제에도 적극적으로 대처할 수 있다. 저마다 다른 학습 동기를 충족할 수 있다면 기꺼이 참여하지 않을까?

일률적인 집합교육은 갈 곳이 없는 시니어들에게 교류의 장을 열어주는 기능도 있다. 부끄럽다거나 새삼스럽다는 이유로 꺼리는 사람도 의무가 되면 오히려 주저 없이 참석할 수 있다. 이들이 수학여행을 간다면 새로운 고령자 소비시장이 형성된다.

저출산 문제로 사용하지 않는 학교 건물을 활용해도 좋을 것 같다. 자율 활동 시간에는 사회문제를 논의하고, 정기적으로 운동회를 열어 몸을 움직인다면 어떨까? 점점 심각해지고 있는 고령자의 고립이나 정신건강 문제가 자연스레 해결될 것이다. 시니어 인재 육성은 국가의 장래와 미래 세대를 위한 투자나 다름없다. 이러한 점에서 시니어 의무교육 제도와 같은 '제2의무교육 제도'는 도입할 가치가 충분하다.

학이시습지
불역열호

많은 사람이 나이가 들어서도 계속 공부하기를 원한다. 중년을 상대로 한 설문조사 결과, 노년기에 들어서도 계속 배우고 발전해야 한다는 대답이 과반수를 훌쩍 넘겼다. 연령대별로 보면 30대 76.7%, 40대 81.7%, 50대 86.6%, 60대 92.9%로 나타났다. 나이가 많아질수록 노년기 학습에 대한 필요성을 더욱 강하게 느끼고 있는 셈이다. 반면 낮은 연령층에서는 무엇보다 기술을 습득해놓아야 한다는 생각이 상대적으로 많았다(30대 68.7%, 40대 63.3%, 50대 60.4%, 60대 53.5%).

우리나라도 그렇지만, OECD 국가의 노인들 사이에서는 단순한 지식이든 기술이든 배움을 이어가야겠다는 인식이 높은 편이다. 정부 차원에서도 정책적으로 적극 뒷받침하려는 추세다. 국민 개개인의 삶의 질도 높일 수 있지만, 사회 전체의 발전도 도모할 수 있다는 인식이 그 저변에 깔려 있다.

지난 세월 쌓은 경험과 경륜만으로는 세상의 변화를 따라갈 수 없다. "공부란 자신이 가지고 있는 고정관념을 계속 깨뜨리는 것"이라는 말이 있다. 즉, 내가 알고 있는 것이 틀릴 수 있음을 알아가는 과정이 바로 공부라고 할 수 있다. 계속 공부하는 사람은 사고가 유연해진다. 반면 새로이 배우지 않는 사람은 자기가 아는 세계가 전부라는 착각에 빠지기 쉽다. 노년기의 학습은 빠르게 변화하는 세상에서 뒤처지지 않기 위한 것이기도 하지만, 세대 간의 다양한 차이와 갈등을 이겨내고 행복한 삶을 영위하는 데 유용한 방편이다.

노년에도 공부의 목적은 다양하다. 경제적인 이유가 아니더라도 자기계발이나 삶의 새로운 가능성을 모색하기 위해 공부를 하는 사람이 많다. 한창 일할 나이에는 일과 관련된 공부를 우선했지만, 나이가 들어서는 지적 호기심을 채우고자 하는 것이다. 외국어를 배우거나 자격증 취득을 준비하는 등 측정이 가능한 능력을 키우는 것도 중요하지만, 어떤 사람은 악기를 배우거나 그림을 그린다. 철학 강의를 듣는 사람도 있다.

동양 고전의 백미 『논어』는 "학이시습지 불역열호(學而時習之 不亦說乎)"라는 구절로 시작한다. '배우고 때때로 익히면 이 또한 기쁘지 아니한가'라는 뜻이다. 공자는 이 글을 통해 이상적인 인간상을 제시하고 있다. 특정한 목표를 달성하기 위한 공부 못지않게 공부 그 자체가 목적인 공부를 해보는 것도 중요하지 않을까.

인문학이나 기초과학은 지식을 넓혀줄 뿐만 아니라 생각하는 습관을 길러준다. 인문학은 예술과 역사, 철학, 종교 등 인간의 삶에 관한 학문이고, 인문학적 소양이란 그 학문을 바탕으로 인간과 사회를 이해하는 능력을 의미한다. 인문학적 소양을 키우는 일은 단순히 지식이나 기술을 익히는 것과 다르다. 인문학적 소양이 풍부한 사람은 다양한 관점과 문화적인 영감으로 창의적인 사고를 해낼 수 있다. 삶의 방향을 세울 줄 알고, 자신뿐 아니라 타인에 대한 이해도 깊은 만큼 소통에 능하다.

미국의 언론인이자 사회 비평가인 얼 쇼리스(Earl Shorris)는 '인문학 공부' 예찬론자였다. 그는 빈익빈 부익부의 악순환을 끊기 위해서 가난한 사람들에게 인문학을 가르쳐야 한다고 주장했다. 그래서 '인문학 전도사'로 불리기도 했는데, 그 계기가 조금 특별하다.

1995년 어느 날, 쇼리스는 책에 실을 자료를 수집하기 위해 중범

죄자 교도소에 들렀고, 그곳에서 비니스 워커라는 죄수를 만났다. "왜 가난한 사람이 존재할까요?"라는 쇼리스의 질문에 워커는 이렇게 답했다.

"우리에게는 시내 중심가 사람들이 누리고 있는 정신적 삶이 없기 때문이죠."

그녀가 말하는 '정신적 삶'이란 미술관과 박물관에 방문하거나 연주회에 가는 일, 그리고 교훈적인 강연을 듣는 일을 뜻하는 것이었다. 이 말에 큰 깨달음을 얻은 쇼리스는 뉴욕의 로베르토 클레멘트 가족보호센터 회의실에서 노숙자, 빈민, 죄수 31명을 대상으로 정규 대학 수준의 인문학을 가르치기 시작했다. 이 인문학 교육과정은 교습 장소의 이름을 따서 '클레멘트 코스(Clemente Course)'라고 명명했다.

그의 시도를 비웃는 사람이 많았지만, 쇼리스는 가난한 이들에게 경제적 지원만큼 시급한 것이 인문학 교육이라고 믿었다. 1년 후 17명이 수료증을 받았고, 그중 일부는 치과 의사와 간호사, 패션 디자이너가 되었다. 클레멘트 코스를 거친 사람 중 55% 이상이 사회 복귀에 성공했다고 전해진다.

쇼리스는 인문학이 사람의 정신세계를 발달시키고, 나아가 자신에게 알맞은 직업을 찾도록 함으로써 가난을 극복하게 해주는 것은 물론 삶의 행복도 찾아준다는 사실을 보여주었다. 현재 우리나라에서도 경기도 광명시 평생학습원과 노숙인 다시서기종합지원센터를 중심으로 한국적 클레멘트 코스가 운영되고 있다.

4차 산업혁명 시대에는 인문학적 소양이 한층 더 중요하다고들 한다. 무한 경쟁 시대를 잘 헤쳐나가려면 각 분야의 지식뿐 아니라 거시적인 안목이 필요한데, 그 안목을 키워주는 주요한 수단이 바로 인문학적 소양이라는 것이다. 실제로 많은 기업이 직무적성검사에서 문학과 역사, 철학과 같은 인문학 관련 문제의 비중을 높이고 있다.

인간은 AI와 달리 창조적인 아이디어를 낼 수 있고, 사물을 통합적으로 판단하는 통찰력을 발휘한다. 그 창의성과 통찰력은 인문학적 소양에서 나온다. 스티브 잡스는 애플이 창의적인 제품을 만든 비결에 대해 "우리가 항상 기술과 인문학의 교차점에 있고자 했기 때문이었다"고 밝히기도 했다. 혁신이란 첨단기술 그 자체가 아니며, 인간이 원하는 것을 탐구할 때 비로소 소비자의 니즈(needs)에 적합한 것을 만들어낼 수 있다는 것이 그의 소신이었다.

사실 인문학적 소양은 어린 시절부터 늘그막까지 잘 갖춰가야 한다. 그런 점에서 인문학을 경시하는 요즘의 세태가 참으로 안타깝다. 젊었을 때는 물론 나이가 들어서도 인문학 공부에 힘쓰는 분위기가 형성되길 바라는 마음이다.

미네르바 스쿨

미래 사회에서는 교육이 학교 안에서만 머물지 않을 것이다. 2030년이면 전 세계 학생의 70%가 디지털 아바타에게 수업을 듣게 될 것이라는 관측도 있다. 사이버 세상에서 시간과 공간에 제한받지 않고 배움이 일어날 거라는 뜻이다. 표준화된 교과과정도 사라지지 않을까 한다. 학교는 물론이고 학교 밖의 교육 장소에서도 학생의 실력 수준이나 특성을 고려한 개별화·개인화 교육이 보편화될 것으로 보인다. 학교의 개념이 크게 달라지는 셈이다.

변혁은 이미 시작되었다. 현재 4년제 대학 제도는 19세기 당시 전

인교육이 중요하다는 인식에서 비롯된 것이다. 대학의 필요성을 완전히 부정하는 것은 아니지만, 요즘 같은 시기에 4년이라는 시간과 많은 학자금을 대학에 쏟아붓는 것은 난센스라는 시각도 있다. 그 선봉에 서 있는 사람은 미국의 대표적인 미래 연구기관인 다빈치연구소의 소장 토마스 프레이(Thomas Frey)다.

프레이는 정보의 흐름이 너무 빠른 오늘날, 진짜 고급 정보는 대학 밖에 있다고 말한다. 미네르바 스쿨(Minerva School)은 이러한 문제 인식에서 출발한 대학이다. 미국의 벤처 투자자 벤 넬슨(Ben Nelson)은 KGI(Keck Graduate Institute)의 학부 프로그램 과정인 미네르바 스쿨을 설립했다. 미네르바 스쿨에는 2014년 처음으로 28명의 학생이 입학했고, 2019년 5월에 첫 졸업생이 나왔다.

'미래의 학교'라고 불리는 미네르바 스쿨은 기존 대학의 틀에서 완전히 벗어나 있다. 교육과 무관한 군살을 덜어내고 나니, 등록금은 약 3만 달러에 그치고 있다. 아이비리그 평균인 5만 6,000달러에 비하면 무척 저렴한 금액이다.

미네르바 스쿨의 모든 수업은 온라인으로 진행된다. 캠퍼스가 없는 반면 기숙사는 7개 동이다. 학생 전원이 4년간 7개의 기숙사를 돌아다니며 생활한다. 1학년 때는 대학 본부가 있는 샌프란시스코에서 공부하고, 2학년부터는 각 학기를 서울(한국), 하이데라바드(인도), 베를린(독일), 부에노스아이레스(아르헨티나), 런던(영국), 타이베이(대만)에서 보낸다. 다양한 도시만큼이나 다양한 문화를 체험하며 인간의 복잡성과 깊이를 이해하는 기회를 얻는다. 학교에서 책으로 배운 지식을 실전에서 어디에, 어떻게, 왜 적용할지를 고민하는 과정도 거친다.

초지능·초연결 사회로 대변되는 4차 산업혁명 시대에는 물리적 공간에 제약받지 않고 어디에서나 공부할 수 있는 여건이 마련될 것이다. 공식적인 교육 기회가 아니더라도 수시로 설립되는 학교와 프로그램을 통해 평생학습이 가능해지리라고 본다. 학교는 더 이상 유일한 배움터가 아니다.

그렇다면 학력의 의미는 어떻게 달라질까? 세상을 살아가는 데 학력이 더 중요할까, 실력이 더 중요할까? 이는 어리석은 질문일 수도 있다. 둘 사이에 우열을 가린다는 것은 이치에 맞지 않기 때문이다. 실력이 조금 부족하더라도 좋은 학교를 나오면 그렇지 않은 경우에 비해 유리할 수 있다. 가령 어느 제조업체에서 직원을 뽑는데, 실제 능력을 테스트할 겨를이 없어 학력을 기본 요건으로 내세운다면 당연히 학력이 우선이다. 학력이 높을수록 실력을 잘 갖출 것이라는 믿음이 있기도 하다. 하지만 분야에 따라서는 지식과 기술의 발달 속도가 현저히 빨라 학교 공부로만 따라잡기 어려울 수도 있다.

스티브 잡스처럼 기라성 같은 IT 업계 실력자들 가운데는 대학을 졸업하지 않고도 세상을 주름잡은 경우가 많다.

앞으로 10~15년 뒤면 학습과 학력 인증 간의 경계가 흐려지고 (blur), 자격증명서(credentials or certificates)가 더욱 중요시되는 사회가 올 것이라고 한다. 미래 사회에서도 학점과 학위는 중요할 것이다. 하지만 비영리 교육 서비스인 칸 아카데미(Khan Academy)를 설립한 살만 칸(Salman Khan)에 따르면 기존의 교육기관과 새롭게 부상하는 온라인 교육기관이 치열한 경쟁을 벌일 것으로 보인다.

살만 칸은 수학과 과학 교육 동영상을 1,600편 이상 제작해서 그의 공식 채널인 칸 아카데미에 무료로 공개하고 있다. 그는 새로운 시대가 다가오고 있다고 말한다. 직원을 채용할 때 마이크로소프트, 구글, 페이스북과 같은 기업에서 수여하는 자격증이 대학 졸업장보다 우선시되는 시대가 열릴 거라는 설명이다.

미국에는 자격증명서 제도를 운영하는 대학도 있다. 비교적 최근의 일이지만, 점점 인기가 높아지는 추세다. 지역 주민을 위한 공립대학인 커뮤니티 칼리지 같은 곳에서는 특정 직업 분야에서 훈련을 마친 사람에게 정해진 자격증을 준다. 대학 졸업장을 얻기 위해 4년이라는 시간을 들이느니 1년간 준비해서 기업이 필요로 하는 자격증을 취득하겠다는 사람이 늘고 있다. 새로운 교육 생태계가 조성되고 있음을 의미하는 현상이다.

글로벌 IT 교육 기업 중 하나인 글로벌 놀리지(Global Knowledge)는 매년 높은 연봉을 받을 수 있는 IT 자격증 순위를 발표한다. 2019년에는 클라우드 컴퓨팅과 사이버 보안, 네트워킹 분야가 강세를 보였다. 이러한 관행은 그동안 IT 업계에나 해당하는 것이었지만, 이제 다른 업종의 기업으로까지 번져가기 시작했다는 점에 주목할 필요가 있다.

2019년 주요 기업의 자격증 소지자가 받는 연봉 순위

1	AWS 공인 보안 전문가: 20만 3,597달러
2	구글 클라우드 – 프로페셔널 클라우드 아키텍트: 19만 204달러
3	뉴타닉스 공인 전문가 – NCP-MCI V6.5: 17만 5,409달러
4	CCSP: 17만 1,524달러
5	CCNP 시큐리티: 16만 8,159달러
6	CISSP: 16만 8,060달러
7	CCIE 엔터프라이즈 인프라(CCIE Enterprise Infrastructure): 16만 6,524달러
8	CRISC(Certified in Risk and Information Systems Control): 16만 5,890달러
9	AWS 공인 개발자 – 어소시에이트(AWS Certified Developer – Associate): 16만 5,171달러
10	CIPP(Certified Information Privacy Professional): 16만 1,439달러

자료: Denise Dubie, 「미국에서 가장 높은 연봉을 받는 IT 자격증 20가지」, 《IT World》, 2024.10.25.

5장

라이벌만 한
명코치도 없다

김연아와
아사다 마오

나이가 든다고 해서 마음까지 늙는 것은 아니다. 나이가 든 뒤에도 꿈을 향한 열정을 불태우지 못하리라는 법은 없다. 배움의 의지와 자세는 그 에너지로부터 나온다. 마음만 먹는다면 어디에서나 누구에게나 배울 수 있다. 중국 북송 시대의 시인 소동파는 "인생도처유청산(人生到處有靑山)"이라고 했다. 발길 닿는 곳마다 살 만한 데가 있다는 말이다. 사람들은 이를 빌려 "인생도처유상수(人生到處有上手)"라고 말하기도 한다. 배움의 대상이 사방에 널려 있다는 의미다.

현자(賢者)는 다른 사람의 어리석음으로부터 배우고자 하지만,

우자(愚者)는 다른 사람의 장점을 보고서도 배우지 못한다고 한다. 살아가면서 만나는 모두가 스승이라고 해도 과언이 아니다. 좋은 사람에게는 좋은 점을 본받고, 그렇지 못한 사람은 반면교사로 삼아 닮지 않도록 다짐하면 된다.

적정한 경쟁자를 곁에 두는 것도 좋은 방법이다. 라이벌은 분명 껄끄럽고 불편한 존재지만, 달리 생각하면 그만한 명코치가 없다. 일례로 김연아와 아사다 마오를 들 수 있다. 두 사람은 각각 한국과 일본을 대표하는 피겨 선수로서 키를 비롯한 체격이 비슷하고 일찍이 주목받은 점 등 여러 가지 면에서 닮은꼴이다. 둘 다 1990년 9월생으로, 생일도 20일 차이밖에 나지 않았다. 이 때문에 주니어 시절부터 10여 년에 걸쳐 항상 비교당하며 경쟁했다.

먼저 두각을 보인 선수는 아사다 마오다. 마오는 12세에 3회전 반점프인 트리플 악셀을 뛰어 '천재 소녀'로 불렸다. 하지만 시간이 지날수록 김연아와 아사다 마오의 격차는 줄어갔다. 왕좌를 지키려는 아사다 마오와 그 뒤를 쫓는 김연아 중에서 부담이 더 큰 쪽은 마오였다. 훈련지를 캐나다로 옮긴 김연아는 정확한 기술과 섬세한 표현력에 초점을 맞추기 시작했다. 트리플 악셀에 도전하는 대신 다른 점프를 완벽하게 구사하는 데 힘썼고, 결과는 대성공이었다. 반대로 아사다 마오는 무섭게 추격해오는 김연아를 이기기 위해 트리플 악셀에 더욱 집중했다. 성공률이 떨어졌지만, 그럼에도 고집을 꺾지 않았다.

2010년 밴쿠버 동계올림픽에서 김연아는 압도적인 점수로 금메달을 목에 걸며 아사다 마오를 완전히 따돌렸다. 그런 그녀도 한때는 아사다 마오와 같은 시대에 태어난 것을 한탄했다. 김연아가 자신의 자서전 『김연아의 7분 드라마』에서 고백한 내용에 따르면 "왜 하필 저 아이가 나랑 같은 시대에 태어났을까?" 하며 아쉬움을 토로한 적이 있다고 한다. 그러나 강력한 라이벌이 있기에 김연아도 더욱 분발할 수 있었을 것이다.

2014년 소치 동계올림픽은 두 선수에게 생애 마지막 올림픽이자 마지막 맞대결 무대가 되었다. 석연찮은 판정에도 은메달을 따낸 김연아와 달리 아사다 마오는 수차례 넘어지며 최종 6위에 그치고 말았다. 올림픽이 끝난 뒤 김연아는 미련 없이 선수 생활을 마감했다. 그때 한 인터뷰를 통해 아사다 마오와의 경쟁 관계를 발전의 발판으로 삼을 수 있었다는 말을 했다. 데뷔했을 때부터 단 한 번도 비교당하지 않은 적이 없었다면서 "참 징한 인연"이라고 표현하기도 했다.

아사다 마오 역시 2021년 4월 29일 아사히TV에 출연해 김연아를 "운명과도 같은 존재"라고 평했다. 김연아가 있어서 자신도 성장할 수 있었다는 것이다. 은퇴를 선언한 뒤 가진 기자회견에서도 김연아에 대한 이야기를 빼놓지 않았다. 서로 좋은 자극을 주고받았던 존재이고, 함께 성장할 수 있도록 북돋아주었다는 말이었다.

김연아와 아사다 마오는 라이벌을 가까이 둠으로써 스스로의 발전을 이룩했다. 라이벌의 존재가 성장의 동력이 된다는 사실을 보여준 좋은 예가 아닌가 싶다.

도전과 응전

유명한 역사학자 아놀드 토인비는 27년에 걸쳐 집필한 『역사의 연구』로 세계적인 석학의 반열에 올랐다. 그가 81세 생일을 맞았을 때의 이야기다. 축하 인사를 하러 온 사람들이 한마디 해달라고 부탁해오자 토인비는 다음과 같이 말했다.

"세계의 다양한 문명과 역사를 연구하며 저는 한 가지 사실을 깨달았습니다. 사람은 과거에 안주할 때 미래를 바라보려고 하지 않았습니다. 과거에 매여 있는 사람은 이미 죽어 있는 사람입니다. 희망을 품고 미래를 향해 떠날 용기가 있는 사람은 언제나 늦지 않는 청년입니다."

토인비는 인류의 역사를 '도전과 응전(challenge and response)'으로 규정짓는다. 문명의 흥망성쇠를 '끊임없는 도전에 끊임없이 응전한 결과'로 본 것이다. 이를 설명하기 위해 토인비가 예로 든 것이 청어를 잡는 어부 이야기다.

당시 북해에는 청어가 아주 많아서 청어를 잡는 것은 어렵지 않았다. 다만 런던까지 운반하는 것이 문제였다. 대부분의 청어가 죽어버렸기 때문이다. 어부들은 청어를 냉동 상태로 운반할 수밖에 없었고, 살아 있는 청어는 값이 엄청나게 비싸졌다. 그런데 한 어부가 싱싱한 청어들을 런던 시장에 대량으로 들여오기 시작했다. 그 어부의 비결은 청어 수조에 물메기를 두어 마리 넣는 것이었다. 청어들은 물메기에게 잡아먹히지 않으려고 도망 다니느라 런던에 도착할 때까지 싱싱하게 살아남은 것이다. 이러한 '도전과 응전의 원리'는 '라이벌의 원리'와 맥을 같이한다. 상대가 강하면 자신도 강해질 수 있다는 점에서다.

인간 문명도 이러한 원리로 설명할 수 있다. 역사학자 헤로도투스가 "이집트는 나일강의 선물"이라고 한 것도 마찬가지다. 해마다 범람하는 나일강에 대처하는 과정에서 이집트의 태양력과 기하학, 건축술, 천문학이 발달했다는 뜻이다.

고대 문명과 세계 종교의 발상지는 모두 척박한 땅이었다. 토인비에 따르면 이집트 문명, 수메르 문명, 미노스 문명, 인도 문명, 안데스 문명, 황하 문명은 가혹한 환경에 성공적으로 응전한 사례다. 이는 잉카 문명과 마야 문명, 메소포타미아 문명이 역사의 뒤안길로 사라진 것과 대조를 이룬다. 토인비는 자연재해나 외세 침략과 같은 도전이 있어야 문명도 발전을 이어갈 수 있다는 결론을 내렸다.

도전이 없는 곳에 멸망이 있다는 사실은 도도새의 이야기를 통해서도 알 수 있다. 도도새는 인도양의 모리셔스 섬에 서식했던 새다. 모리셔스에는 포유류가 없었다. 다양한 종의 조류들만이 울창한 숲속에서 살아갈 뿐이었다. 그중에서도 몸집이 큰 새들은 천적이 없어 하늘을 날아야 할 필요가 없었고, 시간이 지나면서 아예 날지 못하게 되었다. 인간이 이 섬을 처음 발견했을 때도 도망가지 못하고 멀뚱멀뚱 쳐다만 봤다고 한다. 이 새에게 포르투갈어로 '바보'라는 뜻의 '도도(doudo)'라는 이름을 붙였다는 설이 있기도 하다. 도도새는 사람 손에 쉽게 잡혔고, 결국 섬에서 자취를 감추었다. 그 후 '도도새의 법칙'이라는 말이 생겼다. 도도새의 법칙은 주어진 환경에 안주하다가 도태되는 현상을 뜻한다.

도전과 응전의 원리는 우리의 삶에도 그대로 적용된다. 어쩌면 인간의 삶 자체가 도전과 응전인지 모른다. 도전은 사는 동안 찾아오는 시련과 고통이다. 어떤 사람은 그 앞에서 무너지고, 어떤 사람은 힘들지만 버틸 만하다고 느끼며, 또 어떤 사람은 그 속에서 교훈을 얻는다. 이를 응전이라 한다.

"가장 유능한 사람은 배우는 사람이다." 독일의 대문호 괴테의 말이다. 내 의지와 상관없이 찾아오는 도전과 시련, 고통마저 배움의 기회로 삼는다면 유능해지지 않을 수 없다. 그러니 어떤 상황에서도 배움의 자세를 지녀야 한다. 그 과정을 통해 우리는 한 단계 더 성장할 것이다.

멘토를 곁에 두라

한때 우리 사회는 멘토 열풍에 휩싸였다. 꽤 많은 시간이 흘렀지만, 여전히 많은 사람이 멘토의 필요성에 공감하고 있다. 멘토(mentor)는 '다른 사람에게 유용한 지식과 통찰, 전망, 지혜 등을 제공하는 사람 혹은 특정 분야의 앞선 지식과 경험을 가진 자로서 조언하고 격려하는 사람'을 뜻한다. 멘티(mentee)는 멘토로부터 지혜를 얻거나 조언을 받는 사람이다. 멘토는 스승 역할을 하면서 멘티를 지도해 그 실력과 잠재력을 키우는데, 이러한 행위를 멘토링(mentoring)이라고 한다.

멘토라는 말은 그리스 신화 속 인물인 멘토르(Mentor)에서 비롯된 것이다. 고대 그리스의 도시국가 이타카 왕국에 오디세우스라는 왕이 있었다. 오디세우스는 트로이 전쟁의 영웅으로, 호메로스의 서사시 『오디세이아』의 주인공이기도 하다. 전쟁에서 승리한 오디세우스가 고향으로 돌아가며 겪은 10년간의 모험담을 노래한 작품이 바로 『오디세이아』다.

트로이 전쟁이 일어나자, 오디세우스는 친구인 멘토르를 불러 자신의 아들 텔레마코스를 보살펴달라고 부탁한 뒤 전장으로 떠났다. 멘토르는 텔레마코스의 친구이자 선생님이었고, 좋은 상담자였다. 때로는 부재한 아버지를 대신하며 텔레마코스가 자라는 내내 정신적인 지주가 되어주었다. 10년이 지나 오디세우스가 돌아왔을 때, 텔레마코스는 놀라울 정도로 훌륭하게 성장해 있었다. 오디세우스는 자신의 아들을 더할 나위 없이 잘 돌봐준 친구에게 "역시 멘토르다워!"라는 찬사를 보냈다. 그 뒤부터 멘토르의 이름은 한 사람의 인생을 이끌어주는 지도자라는 의미로 사용되었다.

올바른 조언자가 곁에 있다는 것은 무척 감사한 일이다. 어떤 사람은 인생의 스승이 중요하다는 사실을 부정한다. 혼자 배우고 깨쳐가며 살아갈 수 있다는 것이다. 오랜 시간 스스로 역경을 헤쳐온 중년이나 노령층일수록 이런 생각을 한다. 하지만 온갖 경험을 할 만큼 했다고 하는 사람조차도 세상만사를 다 알 수는 없다.

우리가 지혜를 추구하고 지식을 탐구해야 할 이유는 너무나 많다. 나보다 앞서 산 사람은 물론 비슷한 또래에게서도 인생의 시행착오를 줄일 만한 지혜와 지식을 얻을 수 있다. 나보다 어린 사람에게도 충분히 배울 것이 있음을 인정해야 한다. 디지털 기기를 활용하는 방법만 해도 젊은 사람들이 훨씬 잘 알고 있지 않은가. 멘토의 자격은 나이와 상관없이 갖출 수 있는 것이다. 자신이 좋아하고 존경할 수 있는 사람, 배움을 얻고 싶은 사람을 멘토로 삼으면 된다.

수년 전 모교인 고등학교에서 멘토링 프로젝트를 진행한 적이 있다. 당시 나는 총동문회장을 맡아 모교의 발전에 기여하는 방법을 고심 중이었다. 그러다가 선배 대학생과 후배 재학생을 멘토와 멘티로 맺어주면 좋겠다는 생각이 들었다. 학업과 진로, 가정환경, 연애 등 고민이 많을 고등학생들에게 좋은 형이자 편안한 상담자의 존재는 큰 도움이 될 것 같았다. 사회에 진출한 대선배들은 '시니어 멘토'로 나섰다. 이들은 까마득한 후배에게 여러 가지 조언을 하고, 필요하면 경제적 후원까지 마다하지 않았다. 그 프로젝트로 동문들은 나름의 보람을 얻고, 학생들은 인생의 스승을 만나는 효과를 거둘 수 있었다.

성공한 인생을 사는 사람들은 멘토와의 만남이 무엇보다 커다란 힘이 되었다고 이야기한다. 휴렛팩커드의 공동 창업자 데이비드 팩커드는 "좋은 사람을 만나는 것은 신이 주는 축복이다"라고 말했다. 훌륭한 멘토는 멘티를 믿고 격려해준다. 또한 멘티의 성공을 돕는 것을 보람으로 여긴다. 이런 사람의 존재는 과연 팩커드의 말처럼 축복이라고 할 만하다.

직접적인 지도와 조언을 받을 수 있는 멘토가 없다면 '롤모델'을 찾아보는 것은 어떨까. 롤모델이란 '바람직하고 올바른 인생관과 행동 양식을 갖고 싶게끔 영향을 주는 대상'을 가리킨다. 쉽게 말해, 자신이 하고자 하는 역할에 있어 본보기가 되는 존재라고 할 수 있다.

인상주의 회화의 거장 반 고흐에게는 밀레라는 롤모델이 있었다. 미술 교육을 받은 적이 없는 고흐는 롤모델을 정해서 독학하는 식으로 그림을 공부했다. 닮고 싶은 부분을 스펀지처럼 흡수해 자기 것으로 만들어내는 능력이 대단했던 것으로 평가되고 있다. 실제로 밀레의 그림을 열심히 따라 그렸는데, 초기 작품인 〈감자 먹는 사람들〉부터 말년의 〈씨 뿌리는 사람들〉에 이르기까지 밀레의 그림 속에 등장하는 사람들의 모습을 소재로 삼기도 했다.

고흐는 밀레의 그림을 원화로 본 적이 없었다. 그래서 원화를 모사한 흑백의 목판화나 사진을 보고 그렸다고 한다. 그러면서 특유의

격렬한 필치와 눈부신 색채를 구현해나갔다. 습작기를 지나 어엿한 화가가 된 뒤에도, 그리고 스스로 목숨을 끊기 전까지도 고흐는 밀레의 그림을 모사했던 것으로 전해진다. 그렇게 베낀 그림이 수십 점에 이른다.

"장엄한 시(詩) 그 자체와도 같다."

고흐가 밀레의 작품 〈만종〉에 대해 한 말이다.

밀레는 농촌 마을 바르비종에서 가난한 농민처럼 살았고, 자연과 더불어 사는 인간의 삶을 화폭에 담아냈다. 고흐 역시 탄광촌에서 지내며 그림을 그렸다. 동생 테오에게 보낸 한 편지를 보면 고흐가 밀레를 어떻게 생각했는지 알 수 있다.

"밀레는 농부들의 음식, 옷, 숙소에 만족하며, 실제로 그렇게 살았어. 그는 정말이지 다른 어떤 것도 원하지 않았어. 다른 화가들

밀레의 〈낮잠〉과 고흐의 〈낮잠〉

밀레, 〈낮잠〉   고흐, 〈낮잠〉

이 본받아야 할 모범을 보인 것이지."

고흐는 단순히 그림뿐 아니라 자연과 인간, 노동자의 현실을 이해하고 사랑한 밀레의 삶까지 배우려고 한 것이다. 밀레를 직접 만난 적은 한 번도 없지만, 그를 닮고자 부단히 노력한 덕분에 크게 성장할 수 있었다.

리더십의 대가로 불리는 워렌 베니스(Warren Bennis)는 "자기 스스로 어떤 사람이 되어야 할 것인지를 결심하는 순간 리더가 되기 시작한다"고 말했다. 롤모델은 그만큼 중요하다. 롤모델을 정하기 위해서는 어떤 방향으로 성장할 것인가를 먼저 결정해야 한다. 그 롤모델이 올바른 인물인지 역시 제대로 살펴봐야 할 것이다.

6장

자투리 인생은
없다

삶을 재설계하기

노경(老境)이 깊어질수록 늙음을 받아들여야 하는 시기가 찾아 온다. 그 시기를 대체로 여든 이후라고 한다면 70대는 '늙음과 싸우 는 시기'라고 볼 수 있지 않을까. 70대까지는 현역 때와 비교해 크게 변화 없는 생활을 유지하는 것이 가능하다. 하지만 80대가 되면 대 부분 늙는다. 그 사실에 서글퍼하는 사람도 많다. 젊음을 유지하려 고 애쓰는 것은 좋으나, 늙어가는 것을 막으려 하지는 않았으면 좋 겠다. 현실을 부정하다 보면 결국 좌절감만 찾아온다.

기대수명이 길어질수록 우리 인생에 추가로 주어지는 시간이 많아진다. 70세까지 산다면 61만 3,200시간이 주어지지만, 100세까지 산다면 87만 6,000시간이 주어진다. 따라서 26만 2,800시간을 어떻게 쓰느냐가 후반기 인생을 좌우한다고 할 수 있다. 어떤 사람은 그 시간을 돈 모으는 데 쓸 것이고, 또 어떤 사람은 지식이나 기술을 터득하는 데 쓸 것이다. 친구나 가족과 함께 행복한 시간을 보내는 사람, 건강을 돌보거나 휴가를 즐기는 사람도 있을 것이다.

경제학자들은 돈을 많이 번 사람들이 일과 여가 시간을 어떻게 분배하는지 폭넓게 연구해왔다. 케인스는 「우리 후손의 경제적 가능성(Economic Possibilities of Our Grandchildren)」이라는 글을 통해 경제가 발전하면 사람들의 여가 시간이 늘어나므로, 그 시간을 유용하게 보내는 것이 중요하다고 역설한 바 있다. 미시경제학에서는 '소득효과(income effect)'라는 개념이 있다. 소득의 변화가 선택에 영향을 준다는 것이다. 실제로 개인의 소득이 높아지면 일을 하기보다는 여가를 즐기거나 물건을 더 많이 소비하는 경향이 나타난다. 물론 여가를 즐기다 보면 이에 필요한 돈을 벌기 위해 일을 더 많이 하고자 할 수도 있다. '대체효과(substitution effect)'도 발생하는 셈이다.

이런 이야기는 일자리가 넉넉하고 일할 능력도 충분히 갖추어진 상황에서나 있을 법하다. 현실적으로는 이른바 '늙음을 받아들이는 시기'뿐 아니라 '늙음과 싸우는 시기'에도 일과 여가를 자신의 형편에 맞춰 선택하기가 쉽지 않다. 나이가 들면 들수록 일할 수 있는 능력은 떨어지고, 그렇게 되면 원하든 원하지 않든 시간이 남게 된다. 이 시간을 어떻게 활용할 것인가 하는 점이 관건일 수밖에 없다.

'학업-취업-퇴직'의 3단계 삶에서는 일에 집중해야 하는 시기와 여가 시간을 늘려야 하는 시기가 대체로 명확했다. 그러나 이제는 다단계의 삶을 살아야 하므로 자신에게 주어진 시간을 안배하는 일이 무엇보다 중요해질 것이다. 예를 들어 돈을 모으는 일이 중요하다고 판단되는 단계에서는 여가를 즐기기보다는 일을 하는 데 더 많은 시간을 써야 한다. AI의 출현도 그 동기가 될 수 있다. 일자리가 줄어들거나 사라질 가능성이 높은 만큼 더 많이 일해서 돈을 모아둬야겠다고 생각할 수 있기 때문이다. 반대로 돈을 모으는 일이 그다지 중요하지 않다고 여겨지면 친구나 가족과 함께하는 일, 지식이나 기술을 익히는 일에 시간을 쓰려고 할 것이다.

근무 형태를 두고 근로자와 기업의 이해관계가 서로 충돌할 가능성도 커졌다. 일하는 사람은 근무 시간이나 장소를 조정할 수 있는 유연근무제를 선호하는 데 반해 기업은 여전히 정시 출퇴근과 같은 표준적인 노동 시간을 원할 것이다. 사실 유연근무제를 택한 근로자는 지금껏 정규직이 누리던 기업 내의 각종 복지 혜택을 포기해야 할지 모른다. 기업 측에서 보면 복지비용 절감이 가능하다는 장점이 있지만, 근로자에게 업무 규율을 제대로 적용하기에는 한계가 있다는 단점도 있다. 어찌 되었든 유연근무제가 확대되면 노령층도 자신에게 적합한 일자리를 찾을 가능성이 커질 수 있다.

산업혁명 이전, 농사를 짓고 살 때만 해도 사람들은 농사철에만 간헐적으로 일했다. 일터는 집과 멀지 않았다. 그런데 공장이 생기면서 노동 형태가 완전히 달라졌다. 근무일이 고정되고, 일하는 장소와 거주하는 장소가 분리되었다. 이런 상황에서 여가란 대부분 가족과의 유대를 강화하는 시간 혹은 장시간 고된 노동으로 지친 몸과 마음을 재충전하는 시간으로 쓰였다.

앞으로 근무 형태가 유연해지면 집과 직장 사이를 오가는 시간이 줄어들 것으로 보인다. 그만큼 자유 시간이 늘어나고, 여가 산업도 이전과는 달라질 예정이다. 산업혁명 이후 지난 100여 년 동안 여가 생활은 소비적 성격을 띠었다. 시간과 돈을 들여서 하는 활동의 비중이 컸다. 하지만 3단계 삶의 공식이 퇴색하면서 여가 산업도 자기계발을 하고 또 다른 일자리를 찾는 방향으로 발전할 것 같다. 주어진 시간을 그냥 보내기보다는 원하는 공부를 하거나 사람들과 교분을 쌓으며 언제 다시 시작될지 모르는 '학업-취업-퇴직'의 사이클을 대비하는 것이다. 이는 삶을 재설계(redesign)할 기회가 많아진다는 의미다.

아울러 일이든 여가 활동이든 자신이 잘할 수 있고 좋아하는 일을 하는 게 중요하다. 감당하기 어려운 일에 도전하는 것은 나름의 의미가 있으나 자칫 실망감이나 부담감을 느낄 수 있다. 무엇보다 자신이 좋아하는 일을 하면 힘들어도 지치지 않는다. 타의에 의해, 혹은 필요를 위해 하는 일과는 전혀 다르다. 거기에 더해 다른 사람에게 도움이 되는 일, 그리고 좋아하는 사람과 함께할 수 있는 일이라면 그야말로 금상첨화일 것이다.

인격 동일성

사람은 쉽게 변하지 않는다는 말이 있다. 사람은 고쳐 쓰는 게 아니라는 말도 있다. 사람의 성격이나 행동 양식이 그만큼 바뀌기 어렵다는 뜻이다. 하지만 사람은 '적응의 동물'이라고도 한다. 일례로 과거 농경사회부터 오늘날 AI 시대에 이르기까지 수많은 일자리가 없어지고 새로 생기는 가운데 인간은 이렇듯 생존을 이어왔다. 그 어떤 변화에도 적응을 잘해온 것이다.

그렇다면 사람의 인격, 다시 말해 개인의 정체성도 시간을 두고 변하게 될까? 도덕 철학자 데릭 파핏(Derek Parfit)이 내린 정의에 따르면, 어떤 사람의 정체성(identity)이란 그가 이끌고 가는 인생이 긴 여정 속에서 과거, 현재, 미래를 이어주는 하나의 연결 고리를 지칭한다. '학업-취업-퇴직'의 3단계 삶에서는 '과거-현재-미래'의 연결 고리를 비교적 쉽게 관리할 수 있지만, 다단계 삶에서는 그리 간단하지 않을 수 있다. 100세 시대에는 수명이 길어지고 직업이나 환경이 여러 번

삶을 재설계하기

1971년 미국 스탠퍼드대학의 필립 짐바르도(Philip Zimbardo) 교수는 평범한 사람들을 지원받아, 무작위로 나누어 교도관과 죄수 역할을 맡긴 후 2주 동안 감옥생활을 하게 했다. 그런데 놀랍게도 이들은 실제로 다른 사람처럼 행동하기 시작했다. 교도관 역할을 맡은 사람들은 죄수들에게 공격적이고 폭력적인 행동들을 일삼았고, 심지어 죄수들도 스스로 자신이 진짜 죄수처럼 행동하기 시작했다. 결국 실험은 예정보다 빨리 끝내야 했다. 이는 교도관과 수감자라는 역할을 부여하자 사람들이 진짜인 것처럼 행동한 것이다. 수감자는 수감자에게 어울리는 행동을, 교도관은 교도관에게 어울리는 행동을 한 것이다. 그들은 자신이 맡은 역할을 수행하기 위해 그 역할에 어울리는 행동을 무의식적으로 하였다. 그리고 그 행동을 통해 자신의 존재를 확인하였다.

사람들은 자신의 역할과 행동이 일치하지 않으면 불편감을 느낀다. 교수는 교수의 역할에 따라 행동하지 않으면 상대방에게 혼란을 주게 되고, 자신도 정체성의 혼란을 겪게 된다. 따라서 사람들은 자신이 맡고 있는 역할에 어울리는 행동을 하기 위해 노력한다. 사람은 자신의 행동을 통해 자신의 정체성 및 의미를 찾게 되는 경우도 많다. 우리가 다양한 활동에 참여하는 이유 중의 하나이다. 사람들은 자신이 속해 있는 다양한 집단에서 또 다른 자신의 정체성을 발견하기도 한다.

우리는 심리학자 에릭슨(Eric Erickson) 박사의 "정체성"을 통하여 이러한 개인의 정체성에 대해 조금 더 깊이 이해할 수 있다. 에릭슨은 개인의 정체성을 심리사회적 정체성과 개별적 정체성으로 구분할 필요가 있다고 하였다. 에릭슨에 의하면 개인의 정체성은 심리사회적(psychosocial)과 개별적 정체성(individual identity)으로 구분할 수 있다. 심리사회적 정체성이란, "나는 어떤 사람이다"라는 개인이 속한 집단에 대한 가족이나 집단의 일원으로써 자신이 지니는 정체성이다. 만약 개인이 속해 있거나 소단 속의 타인과 다른 고유한 존재라는 의식을 갖게 되는 것이다.

개별적 정체성은 다시 개인적 정체성(personal identity)과 자아 정체성(ego identity)으로 나뉜다. 개인적 정체성이란 시간이 흐르거나 상황이 바뀌어도 자기 자신이 동일한 존재라는 자기 동질성(self-sameness)과 자기 연속성(self-continuity)에 대한 자각을 뜻한다. 언제 어디서든 "나는 김○○다"라는 자기 존재에 대한 인식이 지속되는 것이다. 이에 비해 자아 정체성은 한 개인을 과거에서 현재와 미래로 연결해주는 연속성 내지는 동질성을 내포하는 동시에 타인과 구별해주는 독특성도 지니고 있다.

앞으로 다가오는 사회에서는 누구나 다양한 환경 변화에 노출된다. 이러한 가운데서도 자아 정체성을 잘 유지하기란 쉽지 않다. 자아 정체성은 가변성이 커서 매 순간 변화하기 때문에 지속적인 관심이 필요하다. 길어진 삶의 여정에서는 수많은 롤모델이 등장하고 새로운 사회규범이 만들어질 것이다. 그러므로 자신의 인격 동일성을 적절히 관리해나가는 일이야말로 중요하다고 할 수 있다.

남성과 여성의
역할 재정립

어린 시절, 주변에는 맞벌이 가정이 거의 없었다. 주로 남편이 밖에서 일을 하고, 아내는 가정을 돌보는 식이었다. '학업-취업-퇴직'이라는 사이클을 평생 한 번만 거치는 만큼 부부의 역할은 사는 동안 크게 달라지지 않았다. 아내가 일을 하더라도 주 수입원은 남편인 경우가 많았다. 하지만 '학업-취업-퇴직'의 사이클을 두 번 이상 거치게 되면 많은 사람이 퇴직과 구직 상황을 반복하는 데 익숙해질 것이다. 맞벌이는 당연한 일이 되고, 남편보다 아내가 더 오랜 시간 일을 하게 될지도 모른다. 시기에 따라 아내만 일을 하게 될 수도 있다. 그러면 남편이 가사를 집중적으로 맡으며 자녀들과 더 오랜 시간을 보내야 한다. 가정의 주 수입원이라는, 전통적인 역할을 내려놓게 되는 셈이다.

20세기 이후로 직장 내 여성의 역할은 크게 달라져 왔다. 임금과 노동시장 참여율, 노동 시간, 그리고 종사하는 일의 종류와 분야에 있어서도 남성과의 격차가 많이 줄어들었다. 미국의 경우를 보면 1970년만 하더라도 5세 미만의 아이를 둔 여성의 70%가 경제활동에 종사하지 않았다. 그런데 2007년에는 그 비율이 36%로 나타났다. 다만 가사와 자녀 양육에 필요한 시간 때문에 파트타임으로 일하는 경우가 많다. OECD 국가를 대상으로 조사한 결과, 일하는 여성의 80%는 파트타임 근무를 하는 것으로 파악되고 있다. 여성의 경제활동 참여를 확대하는 것뿐 아니라 가정에서 부부의 역할을 조정하는 것에도 신경을 써야 할 듯하다.

AI의 등장으로 수많은 일자리가 없어지고, 새로 생길 것이다. 우리는 빈번하게 일자리를 잃거나 새로운 일자리를 찾아 나서야 할 것이다. 물론 노동 방식 자체는 한층 유연해질 것으로 예상된다. 꼭 정해진 일터로 나가지 않아도 할 수 있는 일이 늘어날 테니 말이다. 그럼에도 젊은 사람들은 결혼이나 출산에 있어 신중한 모습을 보인다. 자녀 양육을 부담으로 느끼는 탓이다.

미국 펜실베이니아대학 심리학 교수이자 와튼스쿨의 '일·생활 통합 프로젝트' 책임자인 스튜어트 프리드먼(Stuart Freedman)이 22세 학생들을 대상으로 조사한 바에 의하면 결혼해서 아이를 갖겠다고 응답한 사람의 비율이 점차 낮아지고 있다. 1992년 조사에서는 학생 중 78%가 미래에 아이를 갖겠다고 응답했는데, 2012년에는 그 비율이 42%로 줄었다. 당시 응답자들은 부모로서의 역할 못지않게 사람들과의 오랜 '관계'를 통해 활력 있는 삶을 유지하는 것을 소중히 여긴다고 답했다.

오늘날 우리나라의 출산율만 봐도 아이를 낳는 일에 얼마나 큰 결심이 필요한지 짐작할 수 있다. 다양하고 복잡한 원인이 있으나, 그중 하나는 부부가 일을 하면서 아이를 키우기가 녹록지 않다는 점이다. 특히 여성들은 일과 양육 사이에서 많은 갈등을 겪는다. 제도적 뒷받침도 중요하지만, 남성과 여성의 역할 또한 재정립해야 한다.

여성도 출산 후에 남편에게 양육을 맡기고 일에 집중할 수 있어야 한다. 반대로 먼저 양육을 맡은 뒤에 자녀가 다 자라면 남편으로부터 경제적 지원을 받아 새로운 직업에 종사할 수도 있다. 이런 일들이 자연스러워진다면 남편 역시 선택의 폭이 넓어질 것이다. 돈 버는 일은 아내에게 맡기고 자녀 양육에 전념할 수도 있는 것이다.

1년간 부부 중 한 사람은 일을, 다른 한 사람은 양육을 맡다가 그다음 해에는 역할을 바꿔서 해도 된다. 실제로 번갈아 육아휴직을 쓰는 부부들이 있다. 부부의 역할은 삶의 단계와 가정의 상황에 따라 얼마든지 바뀔 수 있어야 한다. 기업은 이처럼 '유연한' 형태의 노동을 수용하면서 생산성을 높이는 방법을 고민해야 한다. 개인에게도 문제가 없는 것은 아니다. 가사노동이나 양육, 새로운 교육의 기회를 택할 때마다 경력이 단절되고, 소득이 줄어들 수 있다. 따라서 그런 문제에 대비해야 할 것이다.

100세 시대를 살아가는 노인들도 남성과 여성의 역할이 이전과는 달라질 것이라는 점을 염두에 두어야 한다. 그래야 자녀들의 입장을 조금이나마 이해할 수 있게 된다. 필요하다면 손주를 돌봐주면서 자녀들이 경제적·사회적 활동을 하는 데 도움을 줄 수도 있다. 꼭 그런 경우가 아니더라도 세상이 어떻게 변하고 있는지는 알 필요가 있다. 원하는 공부를 하는 일, 다시 취업문을 두드리거나 취미를 즐기며 새로운 사람들을 만나는 일 등등 어떤 경우든 참고가 될 것이기 때문이다.

세상은 빨리 변하고 있고, 그 속도에 맞춰 생각을 바꾸기란 쉽지 않다. 다만 그 변화를 외면하는 대신 인정하고자 한다면 다른 세대와 다른 생각을 좀 더 여유 있게 바라볼 수 있지 않을까.

파트너십과
프렌드십

돈은 살아가는 데 있어 무척 중요한 것이다. 그러나 건전한 인간 관계를 맺는 일도 돈을 버는 일 못지않게 중요하다. 특히 나이가 들수록 재산뿐 아니라 지성을 쌓는 데 힘써야 한다. 물질이 풍족하다고 해서 반드시 정신까지 여유로워지는 것은 아니기 때문이다. 우리는 지식인을 넘어 지성인이 되도록 노력할 필요가 있다. 아는 것이 많은 사람을 지식인이라고 한다면, 지성인은 행동하는 사람이다. 아는 것을 실천할 줄 알아야 하고, 거기에는 가족을 비롯해 주위 사람을 소중히 여기는 것도 포함된다.

인간은 태어나서 죽을 때까지 부모, 형제자매, 부부, 자녀, 이웃, 친구, 직장 동료 등과 같이 다양하고 복잡한 관계를 맺는다. 이들과의 관계를 원활하게 유지하고 발전시켜 나가는 일은 대단히 중요하다. 일본의 고령사회 소설가로 유명한 가키야 미우는 "퇴직하면 다 똑같은 처지이므로, 사람됨으로 승부해야 한다"고 말한다.

일찍이 인간관계의 중요성을 설파한 사람으로는 데일 카네기 (Dale Carnegie)를 들 수 있다. 카네기는 인간관계와 대화, 자기관리에 관한 명저를 남겼다. "한 사람의 성공은 15%의 전문적 기술과 85%의 인간관계가 좌우한다"는 말을 남기기도 했다. 인생이란 자기가 만들어놓은 인간관계에 따라 달라진다는 뜻이다.

카네기가 1936년에 펴낸 『데일 카네기 인간관계론』은 오랫동안 많은 사람에게 영향을 끼쳐왔다. 세계적인 투자자 워런 버핏도 이 책을 읽고 나서 인생의 방향을 바로 세울 수 있었다고 했을 정도다. '처세술의 고전'이라고도 일컬어지는 이 책은 '대인관계의 기술'을 담은 매뉴얼과 같다. 인간 본성에 대한 이해를 바탕으로 한 '관계론'이기 때문에 철학적 의미도 깊다.

카네기는 미국 미주리주의 한 농장에서 태어났다. 대학을 나온 뒤 교사, 세일즈맨 등 다양한 직업을 가졌지만 실패를 거듭했고, 1912년 YMCA에서 성인을 대상으로 대화와 연설 기술을 강연하며 이름을 알리게 되었다. 그는 사례를 중심으로 강연을 펼쳐 선풍적인 인기를 끌었다. 그 인기를 바탕으로 카네기 연구소를 설립해 인간 경영과 자기계발 분야 최고의 컨설턴트가 되기에 이르렀다. 이후에도 수많은 저서를 통해 관계에서 나타나는 인간의 심리와 스트레스를 분석하며 인간관계론을 체계화했다. 그런 만큼 그가 강조하는 '인간관계의 중요성'은 상당한 실증적 힘을 갖는 것이라고 할 수 있다.

정신분석학의 대가 허버트 설리번(Herbert Sullivan)도 사람끼리의 상호작용이 중요함을 역설했다. 그에 따르면, "다른 사람에게 의지하고 보호받으려는 욕구는 어렸을 때뿐만 아니라 어른이 되어서도 자신에게 중요한 타인들로부터 사랑과 인정, 보살핌을 받고 싶은 성향으로 나타난다." 사실 인간은 태어날 때부터 주변의 도움과 보호를 요하는 의존적 존재다. 사는 동안에도 그렇다. 물고기가 물 밖에서 살 수 없고, 생명체가 공기 없이 살 수 없는 것처럼 인간은 인간을 떠나 살 수 없다. 우리에게 인간관계는 삶의 터전이자 생활 그 자체다.

주위를 좋은 사람으로 채워가는 것은 인생을 풍요롭고 가치 있게 만드는 일이다. 이렇듯 많은 사람에게 관심과 보호를 받고 있다면 어려운 여건에 놓인다고 해도 비교적 빨리 제자리를 찾을 수 있을 것이다. 그래서일까? 사회에서 성공한 사람일수록 인맥을 만들고 관리

6장 자투리 인생은 없다

하는 데 많은 시간과 열정을 투자하는 경향이 있다.

좋은 사람 곁에 있으면 나 자신도 좋은 사람이 된다. 그가 어떻게 사람을 대하는지, 어떻게 인간관계를 만들고 유지하는지 배울 수 있기 때문이다. 성공하고 싶다면 성공한 사람들과 교류하면서 그들을 관찰하고 따라 하는 것도 하나의 방법이다. 더욱이 AI와 공존하는 삶에서 사람을 향한 관심과 애정, 배려심 같은 따스한 인성을 가진다면 한층 좋은 사람으로 돋보일 수 있지 않을까 한다. 세상이 아무리 변해도 '관계'의 중요성만큼은 달라지지 않을 것이다.

하버드대학에서는 1938년부터 2017년까지 79년에 걸쳐 성인 724명의 인생을 추적했다. 「하버드 로스쿨 성인 발달 연구(Harvard Law School Adult Development Study)」라는 제목의 이 연구는 성인 발달 연구 중 가장 오랜 시간 진행된 것으로 유명하다.

이 연구를 시작한 사람은 아르노 셰퍼(Arno Schaefer)라는 하버드대학 로스쿨 교수였다. 셰퍼는 1930년대 말 미국이 대공황과 제2차 세계대전으로 어려움을 겪고 있을 때, 사회적으로 다른 계층에 속한 사람들이 어떤 삶을 살아가는지 비교해보려고 시도했다. 그래서 하버드대학 2학년 학생 268명과 보스턴 시내의 가난한 지역 출신 소년 456명을 매년 만나 직업과 건강, 가정생활 등에 대해 인터뷰하는 방식으로 연구를 진행했다.

셰퍼 이후에도 여러 연구진이 이 일을 이어갔다. 그리고 2017년, 연구의 네 번째 책임자인 정신과 전문의 로버트 월딩거(Robert Waldinger)가 마크 슐츠(Marc Schulz) 박사와 함께 『The Good Life: Lessons from the World's Longest Scientific Study of Happiness』라는 저술을 펴냈다. 우리나라에서는 『세상에서 가장 긴 행복 탐구 보고서: '행복의 조건'을 찾는 하버드의 연구는 지금도 계속된다』라는 제목으로 출간된 상태다.

이 책에 따르면 가족과 친구, 공동체와 많은 접촉면을 가진 사람이 좀 더 행복하게 사는 것으로 나타났다. 이들은 인간관계가 적은 사람들보다 육체적으로 건강했고, 더 오래 살았다고 한다. 월딩거는 사람을 죽음에 이르게 하는 것이 외로움이라는 이야기도 하고 있다. 무엇보다 우리가 기억해야 할 것은 친구의 수보다 친밀도가 중요하다는 점이다.

셰퍼가 시작한 연구는 행복에 있어 가장 중요한 요소가 '양질의 인간관계'임을 보여준다. 인간을 행복하게 하는 것은 돈, 명예, 권력, 성공, 외모, 학력이 아니라 신뢰할 수 있는 사람과의 좋은 관계였다. 그래서 하버드대학을 졸업하고 소위 성공에 이르렀음에도 행복한 삶을 살지 못한 사람이 많았다. 반대로 가족이나 친구, 이웃 등과 정서적으로 친밀한 사람은 불우한 환경 속에서도 행복감을 느꼈으며,

6장 자투리 인생은 없다

그 행복감은 배우자와 자녀들에게도 영향을 미쳤다. 결국 기쁨과 슬픔을 공유할 수 있는 관계가 풍성한 사람일수록 행복감을 크게 느낀 것이다.

실제로 많은 사람이 가족이나 친구들과 어울리며 즐거움을 얻는다. 일로 알게 된 사람 역시 얼마나 친밀한 관계를 맺느냐에 따라 지속성이 달라진다. 단순히 업무적인 관계라면 '파트너십(partnership)'이지만, 거기에서 한발 나아가 친숙한 관계로까지 발전했다면 '프렌드십(friendship)'이라 말할 수 있다. 파트너십은 업무가 끝나면 사라진다. 반면 프렌드십은 비즈니스로만 얽혀 있는 것이 아닌 만큼 상대적으로 오래 지속된다. 우스갯소리로 말하자면 "살아가면서 'ship-building'을 어떻게 해나가느냐가 중요하다"고 할 수 있겠다.

우리는 이 점을 이미 알고 있다. 2019년 리서치 기업 엠브레인에서 전국의 만 33~64세(1955~1986년생)의 성인 남녀 900명을 대상으로 조사한 결과, 열 명 중 다섯 명은 노년기에 행복하게 살기 위해서 타인과의 친밀한 관계가 필요하다고 인식하고 것으로 나타났다. 이는 '돈이 가장 중요하다'는 응답(73.9%)에 이어 두 번째로 높은 것이었다. 그만큼 인간관계의 중요성을 체감하게 된다고 볼 수 있다.

인간관계는 누구에게나 중요하지만, 노년에는 특히 삶의 만족도와 행복지수를 좌우하는 조건이 된다. 나이가 들면 사람이 그리워진다. 더욱이 퇴직 후에는 고독과 우울감에 빠지기 쉽다. 가깝게 지낼 수 있는 사람도 줄어들기 때문에 마음을 터놓고 이야기를 나눌 수 있는 친구나 친지들과 좋은 관계를 유지하도록 노력해야 한다.

살다 보면 사람에게 큰 상처를 받을 때가 있다. 하지만 우리를 다시 일으켜 세우고 발전시키는 존재 역시 사람이다. 지나온 인생을 돌아보며 깨달은 것이 있다면 사람만큼 커다란 재산은 없고, 사람보다 커다란 희망도 없다는 사실이다. 원만하고 활달한 인간관계를 가질 때, 우리는 행복한 인생의 발판을 마련하게 된다. 오로지 사람만이 인생을 성공으로 이끄는 밑천이다.

경청

잘못된 인간관계는 주로 상대를 존중하지 않는 데서 비롯된다. 상대의 입장을 고려하지 않고, 기분을 소홀히 여기면 상처를 주게 된다. 마음은 생각보다 여린 것이다. 때때로 의견이 다르거나 갈등이 생길지라도 상대의 명예와 자존심만큼은 지켜줄 필요가 있다.

누군가와 잘 지내기 위해서는 그 사람에게 관심을 기울여야 한다. 이청득심(以聽得心)이라는 말도 있다. 귀 기울여 듣는 것이 사람의 마음을 얻는 최고의 지혜라는 말이다. 그래서 대화를 할 때는 내 이야기를 하는 것보다 상대방의 이야기를 경청하는 자세가 중요하다.

미국 속담에 따르면 "경청이란 귀를 이용하여 사람들의 마음과 소통하는 것"이다. 미국의 방송인 오프라 윈프리는 경청을 잘하는 사람으로 정평이 나 있다. 그녀가 진행하는 TV 토크쇼는 하루 1,400만 명의 시청자를 끌어모을 만큼 큰 인기를 누렸는데, 그 비결은 '경청'과 '공감'이었다. 한 시간 동안 윈프리가 말하는 시간은 겨우 10분 안팎이다. 나머지 50분 동안 그녀는 게스트가 편안하게 이야기할 수 있도록 끊임없이 눈을 맞추고 고개를 끄덕인다.

〈오프라 윈프리 쇼〉는 '라포 토크'라고도 불린다. 라포(rapport)는 심리학 용어로 사람과 사람 사이에 생기는 신뢰감과 친밀감을 의미한다. 라포가 형성되면 마음을 터놓게 된다. 카메라 앞에 앉은 이들이 자신을 인정받는 존재라고 느끼도록 하면서 진솔한 이야기를 끌어내는 것이야말로 윈프리의 기술이라고 할 수 있다.

미국에서 CNN 라이브 토크쇼를 20년 넘도록 진행한 래리 킹 역시 소통의 달인으로 유명하다. 그 비결을 묻는 사람들에게 래리 킹은 이렇게 말했다. "말을 제일 잘하는 사람은 논리적으로 말하는 사람이 아니라, 남의 말을 잘 들어주는 사람이다." 그도 소통의 비법으로 경청을 꼽은 것이다.

대화를 나눌 때는 상대방의 이야기에 집중해보자. 단순히 듣는 행위를 넘어 그 사람이 무엇을 말하려고 하는지 헤아려보는 것이다. 소통의 기술은 생각보다 복잡하지 않다. 상대방의 말을 열심히 듣고, 상대방의 입장이 되어보려 노력하는 것. 이것이 바로 경청과 공감이다.

열린 마음으로 대화할 수 있는 사람이 주위에 있다는 것은 무척 감사한 일이다. 정신적으로 힘겨울 때는 진심 어린 위로와 응원을 받을 수 있을 것이고, 그렇게만 된다면 노년기에도 그리 외롭지 않을 것이다. 물론 사는 동안 만나는 모든 사람과 그런 사이가 될 수는 없다. 과유불급이란 말은 인간관계에도 적용된다. 정호승 시인의 책 『내 인생에 힘이 되어준 한마디』에 나온 것처럼, "친구는 한 사람이면 족하고 두 사람이면 많고 세 사람은 불가능하다." 그는 이러한 이치를 과연 시인답게 표현한다. "연잎은 자신이 감당할 만한 빗방울만 싣고 있다가 그 이상이 되면 미련 없이 비워버린다"는 것이다. 인맥은 자신의 상황과 그릇에 맞게 가꿔갈 필요가 있다.

세월이 지나면 가까이 지내던 사람들이 이런저런 이유로 하나둘씩 멀어지게 마련이다. 그래도 놓쳐서는 안 되는 사람이 있다. 보지 않으면 늘 보고 싶은 사람, 보지 않아도 본 것처럼 든든한 사람, 만나면 언제나 마음이 편안한 사람, 무슨 이야기든 거리낌 없이 할 수 있는 사람…. 그런 사람을 단 몇이라도 가질 수 있도록 해야 한다.

경청으로 교분을 쌓았다면 그 교분을 유지하는 것은 향내가 아닐까 싶다. "화향백리 주향천리 인향만리(花香百里 酒香千里 人香萬里)"라는 말도 있지 않은가. 꽃향기는 백 리를 가고, 술 향기는 천 리를 가지만, 사람의 인품에서 우러나오는 향기는 만 리를 간다는 뜻이다. 꽃이나 술의 향기가 바람결을 따라 떠다닌다면 사람의 향기는 다른 사람의 마음에 머물러 그 마음을 움직인다.

그렇다면 좋은 향내를 풍기는 사람은 누구일까? 아마도 상대를 배려하고 도우려는 사람, 남의 허물을 감싸주고 고운 눈길로 봐주는 사람, 그래서 곁에 있기만 해도 위로가 되는 사람일 것이다. 이런 사람들은 자신을 내세우지 않지만, 가까이 가면 그 향기가 느껴져 마음이 즐거워진다. 사람의 향기란 그가 살아온 대로 만들어지는 것이기 때문이다.

결국 우리에게 필요한 것은 타인을 향한 관심이다. 다른 사람에게 귀를 기울이고, 마음을 기울이는 사람이 늘어날수록 세상은 따뜻해질 것이다. 그런 세상이라면 짐작하기 어려운 앞날에 대해서도 한결 안심할 수 있을 것 같다. 타인에 대한 배려가 자신에게도 혜택으로 돌아오는 셈이다.

7장

건강한
장수 전략을 취하라

노화와 노쇠는
다르다

오래 사는 게 능사는 아니다. 건강하게 오래 살 수 있어야 한다. 노화(aging)와 노쇠(frailty)는 다른 것이다. 살아 있는 한 나이는 저절로 쌓이기 때문에 누구나 노화를 피할 수 없다. 하지만 노쇠는 자신이 어떻게 하느냐에 따라 최대한 미룰 수 있다. 존엄을 지키면서 품위 있는 죽음을 맞이할 수만 있다면 대단한 복이다.

유명한 시인 헨리 워즈워스 롱펠로는 노년에 젊음을 유지하는 비결을 묻는 사람들에게 이런 말을 들려주었다. "나무가 늙어서도 꽃을 피우고 열매를 맺는 이유는 계속 성장하고 있기 때문이다. 나 역시 나이가 들었지만 성장하는 마음으로 살아가고 있다." 꿈을 꾸는 사람은 늙지 않고, 나무처럼 매일 성장하며 가지를 뻗어나간다는 것이 그의 설명이었다.

노년기에 정신건강을 관리하는 일은 무엇보다 중요하다. 『화엄경』에는 일체유심조(一切唯心造)라는 말이 있다. 모든 것은 오직 마음이 지어낸다는 뜻이다. 자신이 가진 것에 감사하며 시작하는 하루와 남보다 못한 것을 따져가면서 불평으로 시작하는 하루 사이에는 어마어마한 차이가 있다. 행복과 불행은 마음먹기에 달려 있다고 해도 과언이 아니다. 당연한 말이지만, 긍정적으로 살아가는 사람은 그렇지 않은 사람보다 스트레스를 덜 받는다. 스트레스는 만병의 근원인 만큼 적절한 관리를 통해 몸과 마음을 지켜야 한다.

매일 명상을 해보는 건 어떨까? 뉴욕 이스라엘병원 연구팀에 따르면 스트레스 해소를 위한 최고의 방법은 바로 명상이다. 한 시간의 수면보다 15분의 명상이 스트레스 해소에 더 효과적이라고 한다. 아침에 일어나서 5분만 명상하면 그날 하루의 스트레스가 훨씬 줄어든다는 연구 결과도 있다. 웃음 역시 좋은 습관이다. 자주 웃는 사람은 스트레스 강도가 낮아지고 면역력이 높아진다. 심지어 가짜 웃음도 몸에 좋은 영향을 미친다고 하니 가끔은 크게 웃어보자.

요즘처럼 건강에 대한 정보가 넘쳐난 적도 없는 것 같다. 책과 TV

를 비롯해 각종 미디어에서 온갖 건강법을 소개하고 있지만, 이런 비법이 모든 사람에게 들어맞는 것은 아니다. 자신의 상황이나 상태를 고려해서 부담스럽지 않은 방법을 선택하는 것이 중요하다. 다만 운동은 반드시 해야 한다.

노년기의 운동은 아름다운 라인을 만들고자 하는 청장년 시기의 운동과 그 성격이 다르다. 노년기에 필요한 것은 이른바 '생존 근육'이다. 근육은 외부의 충격으로부터 뼈와 관절을 보호하고 심혈관 건강에도 도움을 준다. 하지만 나이가 들수록 유실되고, 근력 또한 감소한다. 특히 하체의 근력 저하가 뚜렷하게 나타나는데, 이 때문에 무릎이 쉽게 손상되며 걷는 게 불편해진다. 따라서 근력 운동, 그중에서도 하반신 근육 운동을 꾸준히 해나갈 필요가 있다. 무릎을 많이 쓰는 운동은 삼가야 한다. 스트레칭, 의자에서 일어났다 앉기, 운동 밴드를 늘리거나 1킬로그램 정도의 무게 들기 등을 12~20회 정도 반복하며 횟수를 늘리는 것이 좋다고 한다. 단시간에 무리하게 중량을 늘리거나 강도를 높이면 부상 위험만 늘어난다. 난이도 조절을 해가며 차곡차곡 체력을 키우도록 하자.

아무리 노력해도 나이가 들면 신체 기능이 전반적으로 저하된다. 이런저런 노력에도 불구하고 건강이 나빠질 가능성이 높다. 2024년 10월에 공표된 통계청 「사망원인통계 결과」에 따르면 2023년 한국인의 10대 사망 원인은 암, 심장질환, 폐렴, 뇌혈관질환, 자살, 알츠하이머병, 당뇨, 고혈압성 질환, 패혈증, COVID-19 순이다. 10대 사인(死因)으로 사망한 사람이 전체 사망자의 65.6%를 차지했다. 그중에서도 암, 심장질환, 폐렴은 41.9%로 전체 사인의 절반 가까이 되는 것으로 나타났다.

특히 70대에 들어서면 골밀도가 급격히 낮아져 낙상 사고 위험이 커진다. 수면장애, 불안장애와 같은 정신질환도 급격하게 늘어난다고 한다. 골다공증에 걸리면 작은 부상도 쉽게 골절로 이어지고, 혈관 건강이 나빠지면 뇌혈관질환뿐 아니라 우울증까지 나타날 수 있다. 노년기 우울증의 주요 원인은 혈관성 치매로 알려져 있는데, 혈관성 치매는 고혈압, 고지혈증, 당뇨병 등으로 인해 뇌로 가는 모세혈관이 한 곳 이상 막히는 경우에 일어난다. 이외에도 다양한 질병에 노출될 위험이 커진다.

70대는 건강한 100세 인생을 위한 골든타임이다. 단순히 오래 살기 위함이 아니라 삶의 질을 높이기 위해서도 건강관리에 신경 써야 한다. 전문가들에 따르면 뼈질환과 혈관질환은 생활 습관만으로도 충분히 예방할 수 있다. 식습관 조절과 운동을 통해 체중, 혈압, 혈당, 콜레스테롤 수치 등을 잘 관리해나간다면 건강한 생활이 가능할 것이다.

건강이 전부다

노년기에 삶의 질을 좌우하는 중요한 요소 중 하나는 뭐니 뭐니 해도 건강이다. 지식과 돈, 명예와 권력도 건강이 뒷받침될 때 그 가치가 빛난다. 수명이 길어진다 한들, 은퇴자금을 얼마나 많이 모았든 건강하지 못하다면 행복감은 떨어질 수밖에 없다.

'건강수명(healthy life years)'이라는 지표가 있다. 건강수명은 기대수명에서 질병과 부상 기간을 뺀 활동 연령을 지칭하는 것이다. 2000년 세계보건기구(WHO)가 처음 제안한 것으로, 2021년 한국의 기대수명과 건강수명은 각각 83.5세와 72.5세를 기록했다. 한국인은 평균적으로 생애 마지막 10여 년간 건강 문제 때문에 행동의 제약을 받으며 산다는 의미다.

다른 나라의 통계도 크게 다르지 않다. 독일인은 10.8년, 프랑스인은 10.4년, 스웨덴인은 10.5년, 이탈리아인은 11.1년을 건강하지 않은 상태로 보낸다. 2019년 84.2세로 세계에서 가장 높은 기대수명을 기록한 일본도 건강수명은 74.1세로 우리와 비슷한 수준이다.

기대수명이 느는 것은 바람직한 일이다. 하지만 오래 사는 것 못지않게 잘 사는 것이 중요하다. 한마디로 건강하게 오래 살아야 하기에 건강수명은 최근 주목받는 지표가 되었다. 여기에서 한 가지 짚고 넘어가야 할 점이 있다. 고혈압이나 당뇨병, 고지혈증과 같은 만성질환을 앓고 있지만 약을 먹으면서 평소와 같이 생활하는 경우 이미 건강수명이 다했다고 볼 것인지, 아니면 아직 건강수명 단계에 있다고 할 것인지를 두고 해석이 갈리고 있기 때문이다.

국제 표준 건강수명 계산법은 WHO가 사용하는 건강수명 개념인 '건강보정 기대수명'을 따른다. 그리고 WHO는 질병이나 사고로 인해 원활하게 일상생활을 하지 못하는 시점을 추정하여 건강수명을 파악한다. 즉, 경증의 만성질환에 걸렸다고 하더라도 무리 없이 생활할 수 있다면 건강하다고 보는 것이다.

일찍이 프랜시스 베이컨은 "건강한 몸은 정신의 전당이며 병든 몸은 감옥"이라고 말했다. 요양원이나 요양병원에서 침대에 묶인 채 생활해야 한다면 누구도 장수를 원하지 않을 것이다. 감옥 생활과 무엇이 다를까. 각종 질환으로 몸을 마음대로 움직이지 못한다면 누가 나를 구속하지 않아도 감옥에 갇힌 것과 다를 바 없다. 타인이 아닌 내 몸이 나를 구속하는 셈이다.

'비건강수명'이 10여 년에 이른다면 이 기간을 단축해야 한다. 10년은 결코 짧은 시간이 아니다. 보건학자들의 연구 결과, 건강하지 못한 삶의 기간을 결정하는 요소는 경제력과 유전, 생활 습관이며 각각 20%, 30%, 50%의 비율로 영향을 끼친다고 한다. 경제적으로 윤택한 사람만이 건강하게 오래 사는 것은 아니라는 이야기다. 실제로 시골에서 넉넉하지 않은 생활을 하면서도 바지런히 움직이는 어르신들이 장수하는 경우를 흔히 볼 수 있다.

우리가 해야 할 일은 비건강수명 기간을 늘리는 생활 습관을 버리는 것이다. 미국 워싱턴대학의 건강측정평가연구소에 따르면 과식이나 불규칙한 식습관은 비건강수명을 13.4개월 정도 늘린다. 과음과 흡연 역시 비건강수명을 각각 11.1개월과 9.4개월 늘리는 좋지 않은 습관이다. 유전적 요인은 선천적으로 주어지는 것이니만큼 손을 쓸 수 없는 부분이다. 하지만 경제력과 생활 습관은 본인이 하기에 따라 달라질 수 있다.

오늘부터 당장 실천에 옮겨보자. 건강관리는 늦었다고 생각할 때가 가장 빨리 시작할 수 있는 때다.

건강수명 연장을 위한 7계명(대한노인병학회 제시)

1. 소금은 반으로 줄인다.
2. 깨끗하고 건조한 실내를 유지한다.
3. 담배와 술을 끊는다.
4. 숨이 조금 찰 정도의 운동을 매일 30분 이상 꾸준히 한다.
5. 친구를 만나고 사회 활동을 유지한다.
6. 고혈압·고지혈증·당뇨병이 있다면 건강한 생활 습관과 약물치료를 통해 적극적으로 관리한다.
7. 몸과 마음의 건강을 위해 의사와 주기적으로 상담한다.

늘그막의 작은 병은
신의 선물이다

살다 보면 누구나 크고 작은 병에 걸린다. 인간은 질병과 건강 사이를 끊임없이 왕래하면서 산다고 해도 과언이 아니다. 질병 역시 삶의 일부인 셈이다. 불교에는 보왕삼매론(寶王三昧論)이라는 수행법이 있다. 그중 하나가 '염신불구무병 신무병즉탐욕역생(念身不求無病 身無病則貪欲易生)'이라는 것인데, 풀이하자면 '몸에 병이 없기를 바라지 마라. 몸에 병이 없으면 탐욕이 생기기 쉽나니'라는 뜻이다. 병이 있기를 바랄 필요는 없지만, 병이란 누구나 감내해야 하는 것이라고 이해할 수 있겠다.

물론 질병은 반갑지 않다. 일단 병에 걸리면 몸과 마음이 여간 고통스러운 게 아니다. 특히 늘그막에 병마가 찾아오면 죽음에 이를지도 모른다는 불안감이 든다. 그러나 질병이란 누구도 피할 수 없는 것인 걸 어쩌랴. 피할 수 없으면 즐기라는 말이 있듯 차라리 병고를 삶의 일부로 받아들여 건강에 더욱 힘쓰는 계기로 삼는 편이 좋을 것 같다.

옛말에도 "무병단명 일병장수(無病短命 一病長壽)" 혹은 "골골팔십"이라고 했다. 시대가 달라진 만큼 이제는 "골골팔십"이 아니라 "골골백세"라고 해야 할 것 같기도 하다. 이 말처럼 병약해 보이는 이들이 오래 사는 경우가 많다. 반면 건강을 과신한 나머지 방심하고 있다가 큰 병에 걸리는 사람도 있다. 그렇다면 어째서 건강하지 못한 사람이 더 오래 산다는 걸까? 아마도 몸이 약할수록 건강관리에 더 신경을 쓰게 돼서 그런 게 아닌가 싶다. 수영을 잘하는 사람이 물놀이 사고를 당하는 경우와 비슷하다. 수영을 아예 하지 못하면 물을 조심하게 되는데, 반대로 수영 실력이 뛰어나면 무리를 하게 되는 것이다. 실제로 환절기마다 감기에 걸리거나 조금만 과로해도 몸살에 시달리는 사람은 자주 병원을 찾고, 때마다 몸 상태를 체크한다. 검진을 철저하게 받는 만큼 오히려 큰 병치레를 면하기도 한다.

보통은 아프고 난 뒤에야 건강에 신경을 쓴다. 그래서 늘그막에 겪는 작은 병은 신의 선물일 수도 있다. 적어도 그런 마음가짐으로 지냈으면 좋겠다. 우리는 병과 함께 지내는 법을 익혀둘 필요가 있다. 병이 생겼다고 해서 절망에 빠지기보다는 그 병을 잘 다스리며 살아가야 한다.

『아픈 몸을 살다』는 사회학 교수 아서 프랭크(Arthur Frank)가 암을 겪으며 쓴 에세이다. 그는 이 책에서 질병이 '위험한 기회'였다고 고백한다. 아픈 경험으로 인해 자신의 취약함과 한계를 인식하게 되었지만, 그러면서 통찰과 겸손을 얻었고, 일상의 소중함을 깨닫게 되었다는 것이다.

질병은 때때로 삶을 긍정하는 계기가 된다. 병마와 싸우다 보면 지나온 삶을 지긋이 돌이켜보게 된다. 그러면서 참회와 감사의 시간을 보낼 수 있다. 남에게 잘못을 저질렀다면 용서를 청할 수 있을 것이고, 남이 내게 잘못을 저질렀다면 그 사람을 용서할 수도 있을 것이다. 앞으로는 다르게 살아야겠다는 다짐까지 하게 될지 모른다. 삶을 더욱 귀중히 여기게 되는 까닭이다.

만일 죽음을 생각해야 할 만한 중병에 걸렸다면 인생을 차분하게 정리하는 일도 중요하다. 죽음은 대개 어찌할 겨를도 없이 들이닥친다. 그래서 많은 사람이 자신이 바라지 않는 모습으로 생을 마치곤 한다. 여행을 떠날 때는 온갖 정보를 뒤져가며 만반의 준비를

늘그막의 작은 병은 신의 선물이다
143

하면서 다시는 돌아오지 못할 인생의 마지막 여행을 앞두고서는 아무런 준비를 하지 않는다면 어불성설이라는 생각이 든다. 자신의 죽음으로 타인이 힘들어하지 않도록, 무엇보다 자기 자신의 존엄을 지킬 수 있도록 '마지막 마무리'는 아름답게 준비할 필요가 있다. 무기력하게 죽음을 기다리는 존재에 머무르기보다는 아름다운 마무리를 향해 나아가는 존재가 되고 싶다. 우리에게 필요한 것은 죽음의 자리에서 삶을 관조하는 훈련이 아닐까 한다.

감정 노화

신체 노화가 진행되면 감정 노화도 함께 일어난다. 다만 눈에 보이지 않을 뿐이다. 자기 관점으로만 세상을 바라보고 지나치게 고집을 부린다거나 공감 능력이 떨어지면서 말을 함부로 하는 것도 감정노화의 현상 중 하나다. 신체와 정신의 건강은 서로 이어져 있다. 실제로 마음이 늙으면 몸도 더 빨리 늙기 마련이다.

일본 최고의 노인정신의학 전문의 와다 히데키는 『감정이 늙지않는 법』이라는 저서를 통해 인간의 노화가 지력이나 체력에 앞서감정에서부터 시작된다고 주장한다. 30여 년의 임상 경험으로 노화와 그 예방의 열쇠가 감정에 있음을 발견했다는 것이다. 감정이란 슬픔과 기쁨, 싫음과 좋음 같은 마음이나 심리 상태를 말한다. 결국 감정의 노화란 슬픔의 눈물이 메말라가고, 기쁨의 웃음이 사라져간다는 의미이기도 하다.

히데키 박사는 "감정의 노화가 의욕 저하를 불러와 전반적으로 인생이 시시해진다"고 단언한다. '만사 귀찮다'는 이유로 옷차림에 신경 쓰지 않으면 자연히 나이 들어 보이고, 몸을 움직이지 않으니 신체 노화가 빨라진다. 무엇을 보든, 무엇을 듣든 좀처럼 흥미가 생기지 않는다. 화사하게 핀 꽃을 봐도 감흥이 없고, 아름다운 새소리마저 소음처럼 느껴진다. 표정도 점점 어둡게 굳어간다. 그러다가 어느 날 갑자기 바싹 늙은 자신의 모습을 발견하고 놀라게 된다. 이런 일을 겪는다면 감정 노화가 진행 중임을 깨달아야 한다. 가능한 한 빨리 벗어날 필요가 있다는 뜻이다.

어떤 사람은 반대로 지나치게 예민해지기도 한다. 특히 슬픈 감정에 민감해서 자주 섭섭해하거나 서러워할 수 있다. 조선시대 성리학자들도 몸이 늙으면 감정의 변화가 일어난다고 생각했는데, 첫째는 욕심이 많아지는 것이고 둘째는 감수성이 예민해진다는 것이다. 당나라 시인 두보는 "사람 마음은 늙을수록 슬퍼지기 쉽다"고 말한 바 있다. 송나라의 문인 구양수도 말했다. "늙고 병든 사람은 유난히 감정을 쉽게 느끼고 눈물이 많다." 주자 역시 늙으면 감수성이 예민해진다고 했다.

몸이 늙어가도 마음은 늙지 않도록 하려면 무엇보다 여유를 가지고 생활하는 것이 중요하다. 집착과 아집을 내려놓고, 혹시 다른 사람의 마음을 다치게 하지는 않았는지 자주 돌아볼 필요가 있다. 물론 자기 자신을 향한 관심과 사랑도 필요하다. 젊은 시절에는 일이 뜻대로 되지 않을 때마다 자신감을 잃을 수 있고, 그러다 보면 '나는 못난 사람'이라는 부정적인 생각을 하게 될 수도 있다. 하지만 노년기에는 실패해도 괜찮다고 생각하며 스스로 다독이는 게 좋다. '나 한 사람이 열정을 불사르지 않아도 세상은 잘 돌아가는구나'라는 생각으로 마음의 짐을 내려놓는 것이다. 한 걸음 더 나아가 자신이 살아온 날들을 긍정적으로 바라볼 줄 알아야 한다.

지나온 세월 동안 이룬 것이 많다고 생각하는 사람일수록 자기 삶에 자부심이 넘치고, 그 사실에 감사하며 살아가는 경향이 있다. 이런 사람은 대개 나이가 들어도 마음이 넓다. 반면 열등감과 패배의식에 사로잡혀 불평과 불만을 늘어놓는 사람은 좁고 닫힌 마음으로 살아가기 쉽다. 어떤 인생이었든 노년에는 자신의 삶을 인정하고, 한결 넉넉한 마음으로 지냈으면 좋겠다. 주변 사람들을 더 많이 이해하고 배려함으로써 나이 듦이 얼마나 멋진지를 보여주는 것은

감정 노화

어떨까. "주름살과 함께 품위가 갖추어지면 존경과 사랑을 받는다"는 빅토르 위고의 말처럼 인품의 향기가 우러나는 삶을 살았으면 한다.

좋아하는 사람들과 어울려 함께 웃고 우는 시간을 만들어보자. 새로운 맛집을 찾아간다든지 가본 적이 없는 곳으로 여행을 떠나는 것도 감정 노화를 예방하는 좋은 방법이다. 일상에 작은 변화를 더하는 것이 중요하다. 낯선 장르의 책을 읽어보는 것도 도움이 된다. 비즈니스 서적만 읽었던 사람이라면 소설이나 시를 읽는 것이다. 거기서 얻는 새로움이 뇌를 자극해 '감정의 나이'를 되돌릴 수 있다.

여러 가지 일에 흥미를 보이고 끊임없이 도전하는 사람은 확실히 젊어 보인다. 싱그러운 마음이 겉으로 드러나는 까닭이다. 항상 주위를 살피며 즐겁게 살고자 노력할 때 감정 노화 속도는 자연히 느려진다. 무엇보다 특효약은 바로 '사랑'이다. 사랑만큼 예측 불가능한 것은 없다. 가수나 배우를 좋아하는 것만으로도 마음에 활기가 생긴다. 전문가들에 따르면 대화 역시 인지와 정서, 신체 기능에 좋은 영향을 미친다고 한다. 열린 마음으로 이야기를 나누고, 타인의 말을 경청하며 포용하는 과정은 감정 노화 예방에 필수라고 할 수 있다.

감정이
뇌를 바꾼다

심광체반(心廣體胖)이라는 말이 있다. '마음이 너그러워 몸에 살이 오른다'는 뜻이다. '마음을 크게 쓰면 몸이 건강해진다'고 해도 무방할 것이다. 셰익스피어도 이와 비슷한 말을 했다. "웃음과 기쁨은 천 가지 해로움을 막아주고 생명을 연장해준다." 종합해보면 여유 있고 즐거운 태도가 건강한 삶에 도움이 된다는 이야기다.

오늘날에도 행복이 건강과 장수를 이루는 힘이라고 주장하는 학자가 많다. 미국의 에드 디너(Eduard Diener)와 미카엘라 찬(Micaela Y. Chan)은 행복 과학의 세계적 권위자로 알려져 있는데, 2011년

「행복한 사람이 더 오래 산다(Happy People Live Longer)」라는 제목의 논문에서 행복감은 수명을 4~10년 늘릴 수 있다고 말했다. 파올라 자니노토(Paola Zaninotto), 제인 워들(Jane Wardle), 앤드류 스텝토(Andrew Steptoe) 같은 학자들은 삶을 꾸준히 즐기면(sustained enjoyment of life) 노년기 수명(mortality at older ages)을 늘릴 수 있다는 주장을 펴고 있다. 그들은 6년이라는 시간을 두고 2년마다 사람들이 느끼는 기쁨을 측정했다. 그 결과 항상 넘치는 에너지로 일상을 즐기면서 행복감을 느끼는 사람들은 그렇지 못한 동년배들과 비교했을 때 사망 가능성이 24% 낮다는 결론에 도달했다.

너그럽고 행복한 마음이 정신건강은 물론 신체건강에 플러스 요인이 될 수 있다는 과학적 근거는 무엇일까? 생리학자들을 중심으로 많은 이들이 그 답을 찾고자 했다. 동물뿐 아니라 사람을 대상으로 한 연구와 실험을 통해 기분이 염증 유전자 발현에 영향을 주어 결과적으로 생체에도 작용한다는 사실이 입증되기도 했다. 사람의 뇌에 소량의 전류를 흐르게 해서 즐거움이나 행복감의 정도를 측정하려는 시도도 있었다.

그런데 심리학자들은 행복을 쾌락적인 것과 자기실현적인 것으로 구분하면서 특히 자기실현적 행복이란 목적 있는 삶, 의미를 추구하는 삶을 전제로 한다고 말한다. 바버라 프레드릭슨(Barbara

Fredrickson) 같은 학자들은 인간의 행복감을 유전학적 관점 (genomic perspective)에서 분석했는데, 2013년 발표한 논문에서 자기실현적 행복을 추구하는 사람은 유리한 유전자 발현 현상을, 쾌락 추구에 집착하는 사람은 불리한 유전자 발현 현상을 나타냈다는 결론을 제시했다. 시카고 러시 알츠하이머병 센터의 패트리셔 보일(Patricia Boyle) 박사도 실험을 통해 목적을 지향하는 삶(purpose in life)이 장수에 긍정적 영향을 미친다는 점을 강조하고 있다. 알츠하이머병에 걸려 뇌에 병리적 변화가 생긴 90세 노인일지라도 분명한 삶의 목적을 가지고 있는 한 비교적 정상적인 활동을 계속할 수 있음을 밝혀내기도 했다. 그에 따르면 삶의 의미의 발견은 장수할 가능성을 높여줄 뿐 아니라 인지 기능 장애의 위험도를 낮춘다.

긍정적인 감정과 뇌가 어떤 관련성을 가지는가에 관한 과학적인 규명도 활발히 이루어져 왔다. 이른바 '행복한 뇌(happy brain)'에 관해 오랫동안 탐구해온 미국 위스콘신대학 심리학 교수 리처드 데이비드슨(Richard Davidson)이 그 선구자라고 할 수 있다. 데이비드슨은 2004년 fMRI로 티베트 스님 175명의 뇌를 촬영했다. 그들의 뇌는 모두 좌측 전전두엽 기능이 우세를 보였다. 좌측 전전두엽은 낙천적이고 적극적인 뇌로, 행복을 느낄 때 활성화된다. 이 연구는 우리가 명상을 통해 스스로 '행복한 뇌'를 만들 수 있음을 보여준다.

감정이 뇌를 바꾼다　　　　　　　　151

영국 레딩대학의 심리학 및 신경과학 교수 카린 반 리컴(Carien M. van Reekum) 역시 2007년 매우 흥미로운 실험 결과를 발표했다. 폭력과 질병에 관한 혐오스러운 사진을 봤을 때, 삶의 목적을 가진 사람일수록 그렇지 않은 사람에 비해 불쾌한 기억으로부터 빨리 벗어났다는 것이다. 그들의 편도체는 비교적 평온을 유지했다고 한다. 편도체는 대뇌 부위로 감정을 조절하고, 공포를 학습하며 기억하는 역할을 하는 부위다. 니체도 이런 말을 한 적이 있다. "살아야 할 이유를 가진 사람은 어떤 역경도 견딜 수 있다."

스티븐 호킹은 목적을 가진 삶을 통해 뜻을 이루며 장수한 대표적인 인물이다. 그는 스물한 살에 루게릭병에 걸렸다. 나무막대기처럼 말라가며 목소리마저 빼앗겼고, 휠체어에 몸을 맡겨야 했지만, 76세까지 살았다. 그냥 오래 살기만 한 게 아니다. 사지가 마비된 천체물리학자가 남긴 업적은 그야말로 놀라운 것이었다. 호킹 박사는 자식과 손주를 여럿 둔 아버지이자 할아버지였고, 많은 이들에게 희망의 메신저가 되었다.

그를 굳건하게 붙들었던 것은 무엇일까? 그처럼 놀라운 삶을 이어나갈 수 있는 용기는 어디에서 비롯된 것일까? 그에게 초인적인 능력이나 신앙 같은 것은 없었다. 그가 역경을 딛고 일어나기 위해 사용한 도구는 넉넉한 마음과 긍정적인 태도, 그리고 목적이 있는 삶 속에서 찾은 행복감이 아니었을까? 그런 정신의 건강이 급기야 는 유리한 유전자 발현으로 이어져 수명에도 플러스 요인으로 작용한 것은 아닐까?

어떤 사람은 역경을 만나면 좌절하지만, 또 어떤 사람은 그 역경을 발판 삼아 성장한다. 심리학에서는 이를 회복탄력성(resilience)이라고 한다. 삶의 목적과 존재의 의미를 찾은 사람, 그로 인해 기쁨을 느끼는 사람은 오래 살 가능성이 높다고 말할 수 있을 것이다. 과도한 걱정, 불안감과 좌절감 같은 부정적 감정은 내려놓고 자신이 살아가는 이유를 분명히 한다면 조금 더 건강하게 살아갈 수 있지 않을까 하는 생각이다.

8장

분수에 맞게
사치하기

소득이 많다고
부자는 아니다

고대 그리스 사람들은 델포이에 있는 아폴로 신전의 대리석 벽에 "너 자신을 알라"는 인생의 금언을 아로새기고 생활의 좌우명으로 삼았다고 한다. 분수를 알고, 분수를 지키고, 분수에 맞게 살라는 뜻이었다. 동양에도 비슷한 말이 있다. 안분지족(安分知足)이 그것이다. 옛 성현들은 "편안한 마음으로 제 분수를 지키며 만족할 줄 알아야 한다"고 일렀다. 누구나 자신에게 합당한 직분(職分)이 있고 처지가 있기에 안분수기(安分守己), 즉 자기 분수에 만족하고 그것을 지키라는 의미다.

사람은 저마다 자기의 분수가 있다. 인간에게 있어 으뜸이 되는 일은 자기의 분수를 바로 알고, 그 분수에 맞게 행동하는 것이다. 그렇다면 분수란 무엇일까? 자기의 몫이요, 본분이요, 신분이요, 분한(分限)이요, 처지요, 형편이요, 지위다. 따라서 분수를 지킨다는 것은 내가 어느 정도의 재능과 어느 정도의 실력과 어느 정도의 한계와 어느 정도의 수입과 어느 정도의 지위와 어느 정도의 형편에 있는지를 바로 알고, 그에 맞춰 사는 것이라고 할 수 있다.

춘추전국시대 정(鄭)나라와 식(息)나라 사이에 작은 분쟁이 일어났다. 식나라의 왕은 타협을 시도하지 않고 곧바로 정나라를 공격했다가 패하고 말았다. 이를 지켜본 사람들은 식나라 군대에 다섯 가지 패인이 있었다고 보았는데, 그중 하나가 힘을 헤아리지 않았다는 '불양력(不量力)'이다. 여기에서 자불양력(自不量力)이라는 말이 나왔으니, 자신의 주제를 파악하지 못한다는 뜻이다.

분수를 아는 것을 지분(知分)이라 하고, 분수를 지키는 것을 수분(守分)이라 하며, 분수에 만족하는 것을 안분(安分)이라 한다. 반면 자기 분수에 지나친 것은 과분(過分)이요, 자기 분수를 망각하는 것은 망분(忘分)이다. 자신의 분수를 잊고 과분하게 살면 좋은 결과를 얻을 수 없다. 특히 소비에 있어서는 절대로 허세를 부릴 일이 아니다.

사람들은 '소득 격차'와 '빈부 격차'를 혼동하곤 한다. 소득은 일정 기간 벌어들이는 수입이고, 부(富)는 어느 시점에 내가 소유한 재산이다. 매달 같은 월급을 받는 두 사람이 있다고 하자. 둘 사이에는 소득 격차가 없다. 하지만 한 사람은 버는 대로 쓰고, 다른 한 사람은 차곡차곡 모아 종잣돈을 만들어 불린다면 시간이 지날수록 빈부 격차가 생길 것이다.

살아가면서 중요한 것은 소득 격차가 나더라도 빈부 격차가 나지 않도록 하는 일이다. 소득이 많으면 부를 쌓기 쉬울 거라고 생각하기 쉽다. 그러나 남보다 돈을 적게 벌더라도 열심히 모으고 불리면 훗날 더 많은 재산을 쌓게 될 수도 있다.

그렇다면 어떻게 부를 축적해야 할 것인가? 바로 '주제 파악'과 '분수 지키기'가 필요하다. 이 두 가지는 젊은 시절부터 은퇴 단계까지 꾸준히 습관화해야 할 노후 대비 실천 방안이라고 할 수 있다.

주제 파악은 자신의 소득과 형편을 아는 것이다. 자기 처지는 고려하지 않고 다른 사람의 소비 행태를 좇는 사람들이 있다. 그러다 보니 돈을 모을 새가 없다. 이는 올바른 소비생활이 아니다. 분수 지키기란 소득 범위 내에서 지출하는 것이다. 지출이 소득보다 많은 '과소비=가분수'가 되면 부채가 늘어난다. 가계부채 문제도 이런 행태에서 나온 결과다.

수입이 아무리 좋더라도 그에 넘어서는 지출을 하다 보면 패가망신하기 십상이다. 게다가 사람은 한 번 생활수준을 높여놓으면 되돌아가기가 어렵다. 『자치통감』으로 유명한 북송의 학자 사마광이 아들에게 검소함을 훈계하기 위해 쓴 글 「훈검시강(訓儉示康)」에는 "유검입사이, 유사입검난(由儉入奢易, 由奢入儉難)"이라는 구절이 있다. 검소한 생활에서 사치한 생활로 들어가기는 쉽지만, 사치한 생활에서 검소한 생활로 들어가기는 어렵다는 뜻이다.

지금 우리 사회의 큰 문제 중 하나는 과소비다. 조금 잘살게 되었다고 낭비와 사치를 일삼는 사람이 많다. 과소비로 인한 부작용이 사회 곳곳에서 일어나고 있다. 빚을 져서라도 남들이 하는 것은 다 해봐야 한다고 믿는 듯하다. 살다 보면 빚을 지게 될 수는 있다. 하지만 계속 쌓이다 보면 파산의 위기를 맞을 수밖에 없다. 개인도 국가도 마찬가지다.

우리 민족의 정신적 지도자였던 도산 안창호 선생은 국민이 수입에 맞게 살고 저축하기를 강조했다. 목돈을 모으려면 저축으로 종잣돈을 만들어야 한다. 그것이 기본임을 알지만, 정작 실천은 쉽지 않다.

종잣돈을 만든 뒤에는 불려야 하는데, 그 방법은 여러 가지가 있을 수 있다. 전문가의 조언을 듣고 자신에게 적합한 방법을 택하는 것이 중요하다. 남들 따라 이렇게도 해보고, 저렇게도 해보다가는 낭

8장 분수에 맞게 사치하기

패를 보는 경우가 많다. 누구에게나 통하는 묘책은 없지만, '복리 개념'을 잘 이해할 필요는 있다. 재산은 처음에는 불리기 어렵지만, 시간이 가면 원금에 이자가 붙고, 이자에 다시 이자가 붙는 식으로 불어나면서 가속이 붙는다. 이것이 '복리의 마법'이다.

저축과 근검절약은 구시대의 유물처럼 되어버렸다. 하지만 우리는 그 가치를 잊어서는 안 된다. 현재 자신의 수입이 많지 않다고 해서 미리 포기하지 말았으면 좋겠다. "대부유천 소부유근(大富由天 小富由勤)"이라지 않는가. 큰 부자는 하늘이 내지만 작은 부자는 근면이 만든다.

주나라 무왕이 개국공신인 강태공과 나눈 대화는 다분히 교훈적이다. "사람이 세상을 사는데 어찌 귀천과 빈부가 고르지 않느냐"고 묻는 무왕에게 태공은 이렇게 답한다. "부귀는 성인의 덕과 같아서 다 하늘에 달려 있지만, 부자는 쓰는 데 절도가 있고 부유하지 않은 자는 집에 열 가지 도둑이 있습니다." '집 안의 열 도둑'은 『명심보감』「입교」 편에 상세히 기술되어 있는데, 근검절약하고 성실하게 일하면서 이웃과 화합하면 가난을 면할 것이라고 요약할 수 있다.

부지런히 일하고, 열심히 아끼며 생활하자. 핵심은 '주제 파악'과 '분수 지키기'에 있다. 지나치지 않고 알맞게 행동하는 한 후회할 일은 없다.

과욕, 허욕, 탐욕

이솝 우화에는 노새와 귀뚜라미의 이야기가 있다. 어느 가을날 노새 한 마리가 귀뚜라미의 노래를 듣고는 무척 부러운 마음이 들었다. 노새는 귀뚜라미에게 무엇을 먹기에 그렇게 아름다운 목소리를 내느냐고 물었다. 그러자 귀뚜라미는 풀잎 위의 이슬을 먹는다고 답했다. 그날부터 이슬만 먹고 살아야겠다고 결심한 노새는 결국 굶어 죽고 만다. 이야기의 끝부분에서 이솝은 이렇게 말하고 있다. "사람도 자기 적성과 반대되는 욕망을 품으면 성취하지 못할뿐더러 더 큰 불행에 직면하는 경우가 있다."

인간은 누구나 크건 작건 어떤 일을 하고 싶다는 마음을 지니며 살아간다. 이러한 마음을 '소원'이라고도 하고 '욕망'이라고도 한다. 다만 이 둘은 그 의미가 조금 다르다. 원하는 것을 이루지 못한다고 해도 내 마음 상태가 크게 달라지지 않는다면 그건 소원이라 할 수 있다. 하지만 원하는 것을 이루지 못했을 때 좌절감이 들고, 불만과 불평을 늘어놓게 된다면 그것은 욕망에 해당한다.

물론 욕망을 무조건 나쁘다고 할 수만은 없다. 인간은 욕망이 있기에 발전하고 번영한다. 아무런 욕망이 없으면 침체하고 퇴보할지 모른다. 불만과 좌절은 어떻게 받아들이느냐에 따라 재기의 디딤돌이 될 수도 있기 때문이다. 유명한 철학자 존 로크는 "욕망이 없는 곳에는 근면이 없다"고 말하기도 했다.

그런데 인간의 욕망에는 한계가 없다. 바다는 메워도 사람의 욕심은 채우지 못한다고 했다. 만족할 줄 모르는 것이 바로 욕망이 지닌 속성이다. 그래서 사람은 과욕(過慾)과 허욕(虛慾), 탐욕(貪慾)에 빠지기 쉽다. 자기 분수에 지나치는 욕망을 과욕이라 하고, 자기 분수에 맞지 않는 욕망을 허욕이라 하며, 자기 분수를 망각한 욕망을 탐욕이라 한다.

욕망이란 필시 위대한 행위로 나아가는 정신의 날개라고 말할 수 있다. 하지만 살아가면서 원하는 바를 이루고 인간의 도리를 다하며 참된 행복을 누리려면 자신이 품고 있는 욕망을 자기 능력과 형편에 맞게 조절하는 일이 중요하다. 욕망이 많아지면 의(義)를 잃는다는 말도 있다. 실제로 물욕이 넘쳐서 재산이 남아돌아도 남에게 전혀 베풀지 않는 사람들, 권력욕이 지나쳐 끝없이 누리려고 하는 사람들이 있지 않은가.

이러한 점에서 공자의 가르침은 깊이 새길 필요가 있다. 어느 날 공자는 노나라 환공의 사당에 들르게 되었다. 그때 사당 안에 있던 묘지기가 한쪽으로 비스듬히 기운 그릇을 옆에 두고 있기에 공자가 물었다. "이건 무슨 그릇인가?" 묘지기는 이렇게 대답했다. "늘 곁에 두고 보는 그릇입니다. 비면 기울고, 중간쯤 차면 바르게 서고, 가득 차면 엎어집니다. 저의 선친이 이 그릇처럼 살아야 똑바로 살게 된다는 유언을 남기고 돌아가셨습니다. 그래서 이 그릇을 제 인생의 좌우명으로 삼고 이렇게 곁에 두고 살아갑니다." 공자가 제자를 시켜 그 그릇에 물을 붓게 하니 과연 묘지기의 말처럼 물이 가득 차면 엎어지고 말았다. 이에 공자는 무릎을 치며 "옳거니, 그것이 바로 중용지도(中庸之道)니라!" 하고는 지만계영(持滿戒盈)이라는 말을 덧붙였다. 가득 찬 상태를 유지하려면 넘치는 것을 경계해야 한다는 말이다.

넘치는 것을 경계하라는 말은 넘치기 전에 내용물을 덜어내 못

가진 자에게 나눠 주라는 뜻과 같다. 권력도 마찬가지다. 높은 자리에 올라갔거든 항상 그보다 아래에 있는 듯이 겸손하게 처신해야 한다. 지식도 인격도 마찬가지다. 나서거나 과시하지 말고 항상 베푸는 자세가 몸에 배어 있어야 할 것이다.

과욕을 부리다가 실패하고 불행해지는 사람도 많다. 더 높이 올라가기 위해, 더 많은 돈을 벌기 위해 앞만 보고 달리다가 도리어 행복을 놓치는 사람을 보기도 한다. 출세도 좋고 부자도 좋지만, 주변의 이웃과 가족을 살피며 살아가는 일이 더욱 중요하지 않을까?

노자는 지지(知止)와 지족(知足)을 강조했다. 멈출 줄을 알고, 족할 줄을 알라는 뜻이다. 인간이 행복하기 위해서는 욕심을 버리고 만족할 줄 알아야 한다. 맡겨진 일에 열심히 임하며 보람을 찾고 남을 배려하면서 살아간다면 그것 또한 멋진 삶이 될 것이다. 성공은 못 하더라도 최선을 다한 셈이기 때문이다.

노년기,
'생산' 주체로서 알뜰하게 살기

경제적으로 확실하게 노후 대비를 하는 방안은 무엇일까? 당연한 이야기지만, 재산을 충분히 모아두는 것, 거기에 더해 일정한 연금소득을 받을 수 있도록 준비해놓는 것이리라. 하지만 여건이 되지 않는다면 은퇴 후에도 계속 소득을 올릴 만한 경제활동을 해야 한다. 경제활동을 한다는 것은 돈을 벌어들인다는 의미 외에도 다른 사람을 상대해가며 하루하루 지낼 만한 일거리를 가지고 있음을 뜻한다. 후배들을 위해 그간 쌓은 경력과 경험, 능력을 사용하는 것은 사회 발전에 기여하는 방법이기도 하다.

실제로 우리나라의 많은 가장(家長)은 은퇴 이후에도 경제활동을 원한다. 2022년 OECD가 발표한 자료에 따르면 한국의 실질 은퇴 연령은 평균 72.3세로, OECD 국가 중 1위였다. 초고령사회인 일본보다도 높은 수치다. 실질 은퇴 연령(effective age of labour market exit)이란 근로자가 돈 버는 일을 그만두고 경제활동에서 물러나는 나이를 뜻한다. OECD는 어떤 형태로든 돈을 받고 일하면 그 사람은 은퇴자가 아니라고 본다. OECD 국가들의 평균 실질 은퇴 연령은 65세다. 룩셈부르크는 평균 61세에 일을 그만두며, 스웨덴과 미국만 해도 60대 중반이면 대부분 은퇴한다. 반면 우리는 국민연금을 받기 시작하는 나이, 즉 공식 은퇴 시점인 60세 이후에도 12.3년이 넘도록 일하고 있다.

실질 은퇴 연령이 계속 늦어지는 것은 경제적으로 노후 준비가 부족한 상황이 지속되고 있다는 사실을 의미한다. 오랜 기간 몸담았던 직장을 그만두는 나이는 대략 49세 정도인데, 그 뒤로 23년간 어떻게든 돈을 벌어야 하는 것이 우리나라 가장들의 현실이다. 문제는 나이가 들수록 일자리를 찾기가 쉽지 않다는 점이다. 특별한 지식이나 기술을 습득하지 않는 한 젊은 시절과 달리 여러 가지 일을 해보기가 어렵고, 눈높이에 딱 들어맞는 일자리를 구하기도 쉽지 않다. 따라서 자신의 역량과 흥미, 적성에 조금이라도 맞는 일을 적극적으로 찾아보는 노력이 필요하다. 공공기관의 구직 지원 프로그램을 이용할 수도 있다. 고용24(https://www.work24.go.kr), 나라일터(https://www.gojobs.go.kr) 등 취업 정보 사이트를 활용하는 것도 도움이 될 것이다.

중장기적 자산 운용 계획에 맞춰 증여나 상속에 대해서도 알아볼 필요가 있다. 증여와 상속 문제는 더 이상 부자들에게만 국한된 것이 아니다. 가령 서울의 주택 가격은 웬만하면 10억 원이 넘는다. 집 한 채만 상속한다고 하더라도 상속세가 수반된다는 이야기다. 자신과 가족에게 언제 이런 일이 닥칠지 알 수 없는 만큼 미리 대비하는 것 말고는 방법이 없다.

상속세는 고인이 남긴 모든 재산을 합산해서 계산한 다음, 상속인 각자의 지분에 따라 부담하게 되어 있다. 이때 고인의 상속 재산 가액에서 상속 공제액을 제외한 금액에 대해 세금을 부과하기 때문에 각종 공제를 잘 활용해야 한다. 상속 재산이 금융자산이냐 부동산이냐에 따라 세금 계산 방식이 달라지므로 그 점도 유의할 필요가 있다. 부동산 역시 일반 주택이냐 아파트냐에 따라 상속세가 달라지기도 한다. 시가 파악 면에서 다소 차이가 있는 탓이다. 단독주택처럼 시세를 확인하기 힘든 재산이 세금 측면에서 유리하다는 견해도 있는데, 시세가 낮게 평가되면 훗날 집을 판매할 때 양도소득

세 부담이 커질 수도 있으므로 여러 가지 요인을 고려해야 한다.

증여세는 증여받는 사람별로 그 재산에 대해 각각 세금을 내게 되어 있다. 사전에 어떻게 증여하는지에 따라 세액이 크게 달라지기 때문에 미리미리 추진해나가는 것도 하나의 방책이다. 증여세 또한 증여받은 재산 가액에서 증여 공제액을 뺀 나머지에 대해 부과된다. 특히 미성년자인 자녀가 부모에게 증여를 받는 경우 1,500만 원까지는 증여세를 안 내도 된다. 10년 동안 증여세를 공제받을 수 있는 한도액이 1,500만 원이므로 10년이 지나면 또다시 그만큼 공제받을 수 있다. 증여세는 누진세율을 적용한다는 점도 기억해야 한다. 자녀가 어릴 때부터 10년 단위로 조금씩 증여하는 경우와 성인이 된 자녀에게 한꺼번에 큰 재산을 증여하는 경우 세액에 큰 차이가 있다.

노후에는 어디에서 사는가도 중요한 문제다. "노년기에는 직주의문(職住醫文) 근접 주택이 답"이라는 말이 있다. 직주(職住)근접은 흔히 쓰는 말로, 직장과 거주지가 가까운 것을 의미한다. 여기에 의문(醫文), 즉 첨단 의료 서비스 체계와 문화·예술 혜택을 충분히 갖춘 지역이 가장 이상적이라는 이야기다. 하지만 이런 지역에서 살려면 아무래도 생활비가 많이 든다. 그래서 '주택 다운사이징'을 하거나 도심권에서 조금 떨어진 지역으로 이사를 하기도 한다. 건강 등을 이유로 전원생활이나 귀촌을 원하는 사람도 있는데, 의료 혜택을 받기가 어렵지는 않은지 따져보고 결정하는 것이 좋다. 나이가 들수록 병원 출입이 잦아질 수 있기 때문이다.

집 한 채 가지고 있는 것이 유일한 노후 대책인 사람도 많을 것이다. 은퇴하고 나서 살 집을 잘만 고르면 주거 문제와 경제 고민을 단숨에 해결할 수 있을지도 모른다. 집값이 비싼 도심권을 벗어나고 주택 크기도 줄인다면 노후 자금을 어느 정도 마련할 수도 있다.

주택연금 제도를 잘 활용하는 것도 방법이다. 역모기지론(reverse mortgage loan)이라고도 불리는 이 제도는 노후 생활의 한 방편으로 등장했다. 부부 중 한 사람이 만 55세 이상인 경우, 본인이나 배우자 명의로 소유하고 있는 주택을 은행에 담보로 맡기고 일정 기간 매월 연금 방식으로 돈을 받을 수 있게 되어 있다. 연금을 받는 동안에는 해당 주택에 거주해야 한다. 주택의 가치가 감소한다는 단점도 있지만, 평생 일한 돈으로 집 한 채를 마련하느라 은퇴 후에 쓸 생활비를 모아두지 못했다면 괜찮은 선택지가 될 수 있겠다.

8장 분수에 맞게 사치하기

9장

자녀보다 부부간
보살핌과 사랑에 집중하라

인생의 3대 바보와
3대 실패

요즘은 맞벌이 부부가 많다. 전체 가구의 3분의 1가량이 맞벌이를 한다는 통계가 있다. 여러 이유가 있겠지만, 한 사람만 벌어서는 웬만한 수준의 생활을 유지하기가 어렵기 때문이기도 하고, 사회생활을 원하는 여성이 많아서 그렇기도 할 것이다. 문제는 둘 다 일을 할 경우, 아이를 낳아 키우기가 쉽지 않다는 점이다. 무엇보다 아이를 맡길 곳이 없다. 탁아 시설은 턱없이 부족한 형편인 데다가 아이가 너무 어린 경우에는 마음이 놓이지 않는다. 어린이집에 보낸다고 해서 문제가 해결되는 것은 아니다. 아이가 아파서 병원에 가야 할 때, 주말 근무가 있을 때, 아이 방학이 길어져 휴가를 다 써도 어찌할 수 없을 때는 그야말로 난감해진다. 결국 부부는 양가 부모에게 연락하게 된다. 급하게 아이를 부탁할 수 있는 가장 만만한 상대이기 때문이다.

손주는 사랑스러운 존재다. 하지만 자식들을 대신해 손주를 돌보느라 노년의 시간을 다 소모하는 일은 없었으면 좋겠다. 갑자기 아이를 맡기러 오는 자식들로 인해 모처럼의 주말 약속이나 여행 계획을 취소하는 사람들을 반농담 삼아 '첫 번째 바보'로 친다. 예전이라면 부러움을 샀을 모습이 이제는 어리석은 모습으로 인식되는 것이다.

'두 번째 바보'는 살날이 얼마 남지 않았을 거라며 자녀들에게 미리 재산을 물려주고 용돈을 타 쓰겠다는 사람들이다. 살날이 얼마나 되는지는 누구도 알지 못한다. 노후가 길어지면 자식들에게 계속 용돈을 받기가 민망해진다. 큰돈을 쥐놓고 푼돈을 받으며 눈치를 보는 셈이다. 몸이 아프기라도 하면 상황은 더욱 나빠진다. "3년 병구완에 효자 없다"는 속담도 있지 않은가. 어느 정도의 재산은 꼭 가지고 있어야 한다. 손주들도 용돈을 많이 주는 할머니, 할아버지를 좋아한다. 결혼한 자녀들이 오지 않는다고 투덜대는 대신, 올 때마다 용돈을 주면 얼굴을 보는 횟수도 자연스레 늘게 된다. 돈으로 정을

9장 자녀보다 부부간 보살핌과 사랑에 집중하라

사는 삭막한 세상이라고 비판하는 사람도 있다. 그래도 못 만나고 사는 것보다는 나을 것이다. 물론 자식들이 부모를 보고 싶은 마음으로 찾는다면 가장 좋겠지만, 최선이 어려울 땐 차선이라도 고려해 봐야 하지 않을까?

'세 번째 바보'는 자녀와 손주들이 놀러 와서 자고 가게 되면 방이 모자랄까 봐 큰집으로 이사하는 사람들이다. 사실 그런 날은 1년에 몇 번 되지 않는다. 그 몇 번을 위해서 집을 늘리는 일은 효율적이지 않다. 자식들이 독립하고 난 뒤에는 부부 두 사람이 생활하는 데 불편함이 없는 크기의 집이면 충분하다.

현명한 사람은 사는 동안 자신이 번 돈을 다 쓰고, 죽을 때 장례비만 남긴다고 한다. 정년퇴직 후 일찌감치 자식들에게 재산을 물려주고 손주를 보살피며 재롱을 보다가 죽는 것이 복 받은 노후라고 하던 때도 있었다. 그러나 이제 우리는 퇴직 후 몇 년이 아니라 몇십 년을 더 살아간다. 이전 같은 방식으로 살다가는 몸은 아프고 돈은 다 떨어진 천덕꾸러기 노인으로 남게 된다. 이 얼마나 끔찍한 일인가?

한편 인생에는 '3대 실패'가 있다고 한다.

첫째는 '청년 출세(出世)'다. 너무 일찍 앞서가면 여러모로 단점이 많다. 젊을 때는 남보다 더 높이 오르기 위해 기를 쓰지만, 오를 데까지 오르고 나면 결국 남보다 먼저 퇴장하게 된다. 최근 '가늘고 길게'를 외치며 천천히 나아가려는 사람이 많은 것도 이런 까닭이다.

두 번째 실패는 '중년 상처(喪妻)'다. 남자들은 실감할 것이다. 슬픔도 슬픔이지만, 홀로 남아 일하고 집안일을 신경 쓰며 아이까지 키워야 하는 현실 앞에서 얼마나 막막할까. 아내가 남편을 잃어도 마찬가지다. 사람은 배우자가 세상을 떠날 때 가장 큰 스트레스를 받는다고 한다. 배우자를 잃는 것은 그만큼 큰 시련이라고 할 수 있다.

세 번째 실패는 '노년 무전(無錢)'이다. 나이가 들어 돈이 없으면 자식들에게 손을 벌릴 수밖에 없다. 그런 노후는 자신과 자녀 모두에게 불행이다. 준비된 사람에게는 장수가 축복일 수 있으나, 세상에는 그렇지 못한 경우가 너무나 많다. 모두가 준비된 사람이라면 이런 책을 쓸 일도 없다. 우리가 원하는 것은 마냥 오래 사는 것이 아니라 건강하고 행복한 여생이다. 그러기 위해서는 '3대 바보'와 '3대 실패'를 잊지 말아야 할 것이다.

자식 투자,
'올인'에서 '하프인'으로

자녀가 고3이 될 때 적어도 1억은 준비해두어야 좋은 대학에 보낼 수 있다는 말을 들었다. 학원비만 해도 매달 200만 원인데, 실력 보강을 위해 과외까지 시키면 한 달에 300만~400만 원씩 드는 건 예사라고 한다. 방학 특강, 수시 준비, 논술, 독서실 등에 들어가는 비용을 다 합하면 과연 수천만 원이 들 법하다. 실력 있는 강사를 잡기 위한 엄마들의 정보전도 치열하다. 학원이나 과외 정보는 함부로 가르쳐주지 않는다. 조건 없이 정보를 공유하는 사이는 자매밖에 없다고 할 정도다.

자기 아이는 공부를 많이 시키지 않겠다고 결심했던 엄마도 아이가 커감에 따라 점점 흔들리게 된다. 주위에서 달리는 아이들을 보면 내 아이만 뒤처질 것 같아 불안하고, 아이의 성적이 생각만큼 나오지 않으면 뭐라도 시켜야 할 것 같아 불안하다. 뒤늦게 학원을 보내자니 이왕이면 유명한 곳이어야 할 것 같기도 하다. 세태를 따라가지 않기 위해 나름대로 애쓰다가도 결국 사교육에 큰돈을 쓰게 되는 것이다.

부모들은 대부분 자식의 교육을 위해 최선을 다한다. 자기가 먹고 입는 것을 줄이더라도 자녀 교육에 들어가는 돈만큼은 아끼고 싶어 하지 않는다. 사실 한국이 이만큼 성장한 데는 이런 교육열이 중요한 역할을 했다. 자녀가 잘되기를 바라는 부모의 열성 또한 나무랄 일은 아니다.

하지만 교육비를 어디까지 감당할 것인가는 신중히 생각해볼 필요가 있다. 게다가 AI 시대에는 기계가 인간보다 학습 능력이 뛰어나다. 가령 미국은 주마다 변호사 시험을 독자적으로 시행하고 있는데, 챗GPT가 얻은 성적이 실험 대상이 된 45개 주의 커트라인보다 훨씬 높은 것으로 밝혀졌다. 앞으로는 문제 풀이를 잘한다는 이유로 실력을 인정받을 수 없을 것이다. 변화를 거듭하는 세상에서 오로지 대학 입시에 매달려 막대한 사교육비를 지출하는 것은 현명하지 못한 방법일 수 있다.

노후를 자식에게 기댈 수 없다는 것은 모두가 아는 사실이다. 그렇다면 우리에게 필요한 노후 자금은 어느 정도일까. 사람마다 다르겠지만, 집을 보유한 채 현금 5억 원 정도는 있어야 안정적인 생활을 유지할 수 있다는 조사 결과가 있다. 가끔 여행을 다니고, 자식들이 놀러 왔을 때 용돈이라도 줄 수 있으려면 그보다 더 많은 돈이 필요할 것이다. 내가 언제까지 일을 할 수 있으며 얼마를 벌 수 있는지, 자녀를 어느 정도까지 뒷바라지할 수 있는지 등을 꼼꼼하게 따져가며 계획을 세워보자. 특히 이런 계획은 보수적으로 세워야 한다. 낙관적인 생각만 했다가 중간에 계획이 틀어지면 낭패를 볼 수 있기 때문이다.

답이 나오지 않는다면 지금이라도 지출 계획을 수정할 필요가 있다. 아무리 금쪽같은 자식이라도 내 살길이 먼저여야 한다. 노후 자금까지 다 털어서 자식을 뒷바라지하고 훗날 손을 벌린다면 자식은 과연 어떤 태도를 보일까. '우리 부모님이 나를 위해 희생하셨으니 이제 내가 부모님을 도와야지'라고 생각하는 자식이 얼마나 될까.

자식이 내 마음 같지 않다고 해서 노여워하거나 서글퍼할 것도 없다. 곰곰이 생각해보면 부모를 돌본다는 것은 결코 간단하지 않은 문제다. 자식의 삶은 또 얼마나 팍팍할 것인가. 생활수준이 높아진 만큼 혼자 벌어 먹고살기도 빠듯할 가능성이 높다. 결혼하고 아이를 낳아 키운다면 더 많은 돈을 쓰게 될 것인데 부모까지 손을 벌린다면 숨이 막혀올 것이다.

『맨큐의 경제학』으로 유명한 그레고리 맨큐(Gregory Mankiw)는 만 50세가 되던 2008년 2월 3일 《뉴욕타임스》에 「나의 생일 소원(My Birthday Wish)」이라는 칼럼을 기고했는데, 그가 말한 소원은 '자식에게 짐 안 되는 것(Not Burdening Our Children)'이었다. 자식에게 짐이 되기를 원하는 부모는 없다. 부모를 짐처럼 느끼고 싶은 자식도 없다. 노후에 자식과 잘 지내려면 지금 냉정해지는 편이 낫다. 자식에게 '올인'하는 대신 '하프인'만 하고 나머지 반은 본인의 노후를 준비하는 데 쓰자. 젊어서 자식에게 잘해주는 것도 좋지만, 늙어서 자식에게 부담을 주지 않는 것이 진정한 자식 사랑이다.

'효도를 기반으로 한 노후'는 더 이상 없다

부모의 자식 사랑을 내리사랑이라 하고, 자식의 부모 사랑을 치사랑이라 한다. 내리사랑과 치사랑 중 어느 것이 더 강할까? 둘 중 하나를 선택해야 한다면 사람들은 어느 쪽을 택할까?

모든 생명체의 본질적인 존재 이유는 자기와 똑같은 유전자를 가진 생명을 다음 세대에 전달하는 데 있다. 한정된 자원 속에서 최대한 뛰어난 유전자를 남기기 위해 생명체는 냉혹한 법칙을 만들어냈다. 그 법칙에 따라 생식을 할 수 없는 어미는 금방 죽는다. 새끼들이 조금이라도 더 많은 자원을 차지하도록 하기 위해서다. 이와 달리 인간은 생식능력이 끝난 뒤에도 오랫동안 살아남는다. 그리고 그 기간은 점점 더 길어지고 있다.

그 차이에 대해서는 여러 학설이 있지만, 그중 '할머니 가설(grandmother hypothesis)'에 대해 이야기해보려 한다. 할머니는 손주에게 무조건적인 사랑을 베푼다. 동물의 세계에서는 있을 수 없는 일이다. 동물의 암컷은 죽을 때까지 새끼를 낳고, 자신의 새끼만 돌본다. 그다음 세대까지는 신경 쓰지 않는다. 반면 인간 여성은 나이가 들수록 우수한 후손을 낳을 확률이 줄어들고, 생명체는 나이 많은 여성이 후손을 보지 못하도록 폐경이라는 진화 과정을 선택했다. 직접 아이를 낳는 대신 자신의 아이가 낳은 아이, 즉 손주를 돌보는 편이 유전적으로 훨씬 더 안정적이기 때문이다. 어쨌거나 자연의 법칙은 항상 다음 세대를 위한 것이지, 이전 세대를 위한 것이 아니다.

부모 부양과 자녀 부양 사이에서 우리 아이들은 어떤 선택을 하게 될까? 가정환경과 교육, 개인의 성정에 따라 조금씩 다르겠지만, 최근 사회현상으로 봤을 때 결론은 자명하다. 부모보다는 자녀 부양 쪽에 큰 비중을 둘 것이다. 나이 든 부모를 모시는 풍속은 갈수록 사라질 듯하다.

요즘은 아빠와 엄마가 아이 하나를 낳아 30년 동안 키운다. 세월이 흐른 후 성인이 된 아이는 30년간 혼자서 부모를 봉양해야 한다.

부모가 아이 하나를 키우며 사는 것과는 비교할 수 없을 만큼 상황이 나빠지는 셈이다.

통계청에서 발표하는 자료 중에 부양 비율이라는 것이 있다. 부양 비율은 생산 활동에 종사하는 15세 이상 64세 미만의 연령층이 부양해야 하는 연령층의 비율을 나타낸다. 특히 유년 부양비는 14세 미만 인구에 대한 부양비, 노년 부양비는 65세 이상 인구에 대한 부양비를 칭한다. 이 둘을 합하면 총부양비가 되는데, 총부양비가 100을 초과하면 부양하는 사람에 비해 부양받아야 할 사람이 많아지는 것을 의미한다.

2024년 우리나라의 총부양비는 42.5명으로, 2058년에는 101.1명까지 늘어날 전망이라고 한다. 노년 부양비만 보더라도

부양비   (단위: 생산연령인구 100명당 명)

연도	총부양비	유년 부양비	노년 부양비
1970	83.8	78.2	5.7
1980	60.7	54.6	6.1
1990	44.3	36.9	7.4
2000	39.5	29.4	10.1
2030	50.2	12.2	38.0
2058	101.1	14.4	86.7
2066	114.6	13.8	100.8

자료: 통계청

'효도를 기반으로 한 노후'는 더 이상 없다

2024년 27.4명에서 2066년 100.8명으로 늘어나 생산연령인구 한 명이 노인 한 명을 부양하는 꼴이 될 것으로 보인다. 자기 앞가림도 쉽지 않은 세상에서 왕자나 공주 대접을 받고 자란 이들이 과연 윗세대를 부양할 수 있을지 의문이다.

웹스터 사전에 의하면 자식을 뒷바라지하면서 부모를 돌봐야 하는 세대를 '샌드위치 세대' 혹은 '낀 세대'라고 한다. 당연히 효도를 받아야 한다고 생각하는 부모 세대와 자신의 노후는 알아서 준비해야 한다고 생각하는 자식 세대 사이에 끼어 있는 세대라는 뜻이다. 이를 '말초(末初) 세대'라고 부르자는 사람도 있다. 효도를 하는 마지막 세대이자 효도를 받지 못하는 첫 세대라는 자조 섞인 한탄이다.

예전에는 보통 장남이 부모를 모셨다. 부모는 장남에게 각별한 애정을 보일 뿐 아니라 재산 대부분을 물려주고 자신의 노후를 의탁했다. 보험이 없던 시절에 '효도를 기반으로 한 노후'를 기대했던 것이다. 지금은 자식에게 보험을 들 수 있다고 생각하는 사람이 거의 없다. 자식 보험은 한참 전에 효험이 떨어졌다.

그렇다면 복지국가를 지향하는 정부에 노후를 의탁하는 것은 어떨까? 급격한 고령화와 저출산 진행에 대한 통계청의 경고가 나온 지는 이미 오래다. 정부는 최근에 들어서야 그 심각성을 깨닫고 여러 대책을 마련하는 중이다. 치매 환자 돌봄 정책을 시행하기 위해 예산 확보에 힘쓰는 모습이 눈에 띈다. 하지만 아쉽다고 말할 수밖에 없다. 당장 도움이 필요한 노인 질환을 국가가 치료해주는 수준에 머무르고 있기 때문이다. 노후를 걱정하는 평범한 사람들이 도움을 받을 수 있게 되려면 아주 오랜 시간이 걸릴 것이다. 그런 정책에는 막대한 정부 예산이 필요하고, 그 예산을 확보하기 위해서는 지금보다 훨씬 많은 세금을 거두어야 하기 때문이다. 적어도 지금 상황으로는 국가에 노후를 맡기기는 힘들다.

남은 방법은 '자기보험'뿐이다. 스스로 잘 준비한 사람에게 노후는 60여 년의 고된 세상살이 끝에 얻은 값진 휴식이자 인생을 의미 있게 정리할 수 있는 시간이 된다. 가족을 부양하느라 엄두도 못 냈던 일들을 할 수도 있다. 의존도 싫고 희생도 싫은 노년의 새 물결이 시작되는 것이다. 이보다 더한 축복이 어디 있겠는가.

하늘을 나는 비행기가 방향을 바꾸려면 수 킬로미터 전부터 준비가 필요하다. 바다를 항해하는 대형 선박도 수백 미터 앞에서 방향을 틀 준비를 한다. 반면 땅 위를 달리는 자동차는 몇 미터 앞에서 핸들을 조정해도 방향을 바꾸는 데 무리가 없다. 노후 대비는 비행기의 방향 전환과도 같다. 준비하는 데 충분히 많은 시간이 필요하다는 뜻이다.

'효도를 기반으로 한 노후'는 더 이상 없다

그러니 하루라도 빨리 시작하자. '어떻게든 되겠지' 하고 미루다 간 후회만 하게 된다. 부지런한 농부는 북풍한설 속에서도 희미하게 묻어오는 봄기운을 느낀다. 논밭은 얼어 있고 바람도 차지만 봄이 머지않았다는 사실을 알아차리고 농기구를 손본다. 하지만 게으른 농부는 나뭇가지에 파란 물이 들고 강남 갔던 제비가 돌아와 날아다니는 것을 보고서야 비로소 봄이 왔음을 안다.

사진작가들이 하루 중 가장 좋아하는 시간은 아침 해가 뜨기 전의 여명과 저녁 해가 지기 전의 황혼이라고 한다. 이때는 태양이 비스듬한 각도로 대지를 비춰 피사체의 윤곽이 뚜렷해진다. 특히 황혼은 어둠이 주는 강력한 대비로 찬란하고 장중한 광경을 연출해 보는 이들의 감탄을 자아낸다. 사람들은 황혼을 보며 저마다 다른 느낌을 받는다. '벌써 하루가 다 가고 어둠이 찾아왔구나' 하며 한탄하는 사람도 있고, '힘든 하루가 끝났으니 집에서 편안하게 쉴 수 있겠구나' 하며 안도하는 사람도 있다. 우리는 노후를 맞이함에 있어 후자가 되도록 해야 한다. 든든히 준비한 사람이라면 찬란한 황혼 같은 노후를 보낼 수 있을 것이다.

자녀가 아니라
배우자를 대접하라

부모는 자녀를 사랑한다. 때로는 사랑을 핑계로 자녀의 일에 지나치게 간섭하기도 한다. 평균 결혼 연령이 높아지면서 늦은 나이까지 자녀를 끌어안고 사는 부모도 많다. 어떤 부모들은 결혼한 자녀마저 집 근처를 떠나지 못하게 하며 자신의 영향력 안에 두려 한다. 사실 어느 자녀든 성인이 되면 부모의 과도한 관심에서 벗어나고 싶어 한다. 부모들은 "내가 널 어떻게 키웠는데…" 하면서 푸념하지만, 자녀는 때가 되면 독립시키는 것이 맞다. 러셀 같은 철학자도 자녀를 제 나이에 맞게 대해주는 일이 중요하며, 그것이 바로 지혜라고 말한다.

부모의 눈에 자녀는 마냥 어린아이처럼 보일 수 있다. 자녀를 너무 사랑하다 보니 지나치게 감정을 이입하게 될 수도 있다. 하지만 부모는 자녀와 다른 사람이고, 부모가 살던 시대와 자녀가 살고 있는 시대는 다르다. 이 사실을 인식하며 인정해야 한다. 자녀들은 부모와는 다른 사고방식과 가치관을 지니고 있다. 일례로 요즘 세대는 '참여'에는 긍정적이나 '참견'에는 부정적이다. 그걸 모른 채 이래라저래라 하면 '꼰대' 소리를 듣고 만다.

꼰대는 늙은이를 일컫는 은어로, 한국 사회의 권위주의, 서열주의, 특권의식을 꼬집어 부르는 말이다. 영국의 유력 주간지 《이코노미스트》는 「한국어로 '거들먹거리는 노인'이라는 뜻의 말(The word for "condescending old person" in Korean)」이라는 제목의 기사를 실은 바 있다. 이 기사에서 꼰대란 "젊은이들이 자신에게 복종하길 원하는 사람", "비판은 빠르지만 자신의 실수는 절대 인정하지 않는 사람", "자신의 권위에 도전하는 이에게 보복을 가하는 사람" 등으로 묘사되었다. 한국의 젊은이들이 합리적이지 못한 위계질서에 저항하고 있다는 설명도 덧붙였다.

꼰대와 멘토의 근본적 차이는 상대방이 본인에게 도움을 요청했느냐의 여부에 있다. 자녀들이 청하지 않았는데도 나서서 조언하려 한다면 자칫 참견이나 간섭이 될 수 있다는 뜻이다. 자녀를 가르치려고만 해서는 안 된다. 디지털 기기를 활용하거나 트렌드를 이해하는 데 있어서는 오히려 부모가 자녀에게 배워야 할 판이다.

농경사회에서는 나이가 들면서 경험과 지혜가 쌓여갔지만, 오늘날과 같은 세상에서는 전에 알던 지식도 쓸모없어지곤 한다. 부모라고 해서 언제나 올바른 선택을 하는 것도 아니다. 사람은 누구나 완벽하지 못하고, 부모 역시 그렇다. 단지 오래 살았다는 이유로 자신이 자녀보다 더 현명하리라는 믿음을 가져서는 안 된다.

걱정되고 불안한 마음에 이것저것 당부하게 되는 그 심정을 이해하지 못하는 것은 아니다. 자녀에게 안 좋은 일이 생길까 봐 생기는 막연한 우려 때문일 것이다. 하지만 인생이 늘 평탄할 수만은 없다. 크고 작은 장애물을 만날지라도 잘 헤쳐나가리라고 믿어주는 것. 그것이야말로 자녀를 더욱 위하고 배려하는 길이 아닐까 싶다.

자녀에게 향해 있는 눈을 돌려 옆에 있는 배우자를 바라보자. 배우자는 다른 말로 부부다. 그런데 우리나라는 가정에 부모만 있고 부부는 없는 경우가 많다. 부모의 역할에는 최선을 다하려고 하면서 부부 생활의 질을 높이기 위한 노력은 게을리하는 것 같다. 요즘 전업 엄마들의 일과를 보면 남편보다 아이에게 초점이 맞춰져 있는 듯하다. 특히 출근이 이르고 퇴근이 늦은 남편은 가족의 일상에서 소외되기 쉽다. 그럴수록 남편의 자리, 아빠의 자리를 만들어줘야 하지만, 아이들 식사와 간식 준비에 학원 데려다주느라 바쁜 엄마는 어쩌다 있는 남편의 이른 귀가가 귀찮기만 하다. 부부간의 시간이나 대화는 뒷전이고, 오로지 자녀의 공부와 성적이 가정의 최우선 순위가 된다.

"집에 들어가면 마음이 편치 않아요. 무엇보다 아내와 아이 사이에 있는 갈등을 지켜보는 게 힘듭니다. 아내는 1분 1초가 아깝다는 생각이고, 아이는 조금이라도 틈을 내서 쉬려고 해요. 둘이 신경전을 벌이고 있을 때 잠깐 아이 편을 들면 난리가 나요. 자기만 나쁜 사람 만들고 자식한테 점수 따려고 그런다나요. 자식 교육에 관심이 없다면서 마구 비난을 합니다. 텔레비전을 켜도 혼자서 이어폰을 끼고 봐야 해요. 아이 공부에 방해가 되니까요. 아이가 제 옆에 앉아서 텔레비전을 같이 보려고 하면 또 난리가 납니다. 집에 들어가기 싫을 정도예요."

아이 교육을 위해 서울 강남 학군으로 이사한 어느 후배의 이야기다. 그 후배는 가족 여행을 해본 지도 5년이 넘었다고 한다. 주말에도 학원 수업이 있는데, 아이가 그 수업을 빠지면 진도를 따라잡기 어려워서 다른 일정을 잡을 수가 없다고 한다. 후배의 아내는 아이가 좋은 대학에 들어가는 일 외에는 관심이 없다. 그 바람대로 된다면 당연히 좋은 일이다. 하지만 아이가 좋은 대학에 들어가고 나면 부부의 관계도 회복이 되는 걸까? 하숙생처럼 떠돌던 아빠는 다시 제자리를 찾을 수 있을까? 그리 쉬워 보이지는 않는다.

마음의 끈이란 항상 관심을 기울이고 노력해야만 연결되는 것이다. 몇 년이고 방치했다가 어느 날 갑자기 "이제부터 잘 지내보는 거야" 한다고 해서 끊어질 듯 위태로운 사이가 원래대로 돌아가는 것은 아니다. 아이에게 집중하느라 미루고 미뤄둔 부부의 문제는 오랜 시간 해결되지 않을지도 모른다. 길고 긴 인생을 끝까지 함께할 사람은 자식이 아니라 배우자다. 배우자와 함께 잘 지낼 수 있어야 노후도 행복하다. 항상 배우자를 존중하고 마음의 끈을 놓지 말아야 할 일이다.

금슬 좋은 부부의
경제적 가치

《시사저널》에 흥미로운 기사가 실린 적이 있다. 미국 워싱턴대학 교수로 갈등을 겪는 부부들을 위한 치료법을 개발해 효과를 인정받은 존 가트맨(John Gottman) 박사의 주장을 소개한 기사였다. 그에 따르면 "하루 20분 동안 헬스클럽에서 뛰는 것보다 배우자와 좀 더 많은 대화를 나누는 쪽이 건강에 훨씬 좋다"고 한다. 좋은 관계를 유지하는 부부가 그렇지 않은 부부에 비해 평균 4년을 더 살더라는 것이다.

우리 몸에는 바이러스나 암세포에 대항해서 싸우는 면역 세포가 있다. 림프 속에 들어 있는 T세포와 NK세포가 대표적인 예다. 특히 NK세포는 바이러스에 감염된 세포나 암세포를 구분한 다음 직접 파괴한다. 언젠가 MBC의 한 방송 프로그램에서 행복감을 느끼는 부부와 그렇지 않은 부부를 나누어 조사한 결과, 행복하다는 부부가 그렇지 않은 부부보다 더 많은 면역 세포를 가지고 있었다. 행복한 부부들은 세로토닌 수치 역시 높게 나타났다. 세로토닌은 편안한 상태일 때 분비되는 호르몬인데, 그 양이 많을수록 면역 세포가 늘어나 면역력이 강해진다. 그중에서도 NK세포가 차지하는 비율이 높아지면 감기나 바이러스 질환에 걸릴 가능성이 줄어든다고 한다.

부부의 금슬이 건강에만 영향을 미치는 것은 아니다. 미국 다트머스대학의 데이비드 블랜치플라워(David Blanchflower) 교수는 35개국 1만여 명을 대상으로 행복에 대한 설문조사를 실시한 뒤 돈과 연결시킨 분석을 내놓았다. 그 결과에 따르면, 독신이거나 결혼생활이 불행한 부부가 사이좋은 부부만큼 행복감을 느끼기 위해서는 연봉이 10만 달러 이상이어야 한다. 또한 한 달에 한 번 성관계를 갖는 사람이 매주 한 번 이상 성관계를 갖는 사람만큼 행복감을 느끼려면 후자보다 연봉 5만 달러를 더 벌어야 한다. 돈이 많은 부부라고 꼭 행복한 것은 아니며, 행복한 부부일수록 더 부자가 될 수 있음을 시사한다. 아침에 출근하면서 아내와 키스나 포옹을 하고 나오는 남자와 그렇지 않은 남자는 연봉에 차이가 있다는 조사도 있다. 아침 인사를 하고 나오는 남자의 연봉이 더 높은 것은 말할 필요가 없다.

최근 '황혼 이혼'이 늘고 있다고 한다. 황혼 이혼은 자식을 다 키우고 결혼까지 시킨 뒤 늦은 나이에 하는 이혼을 말한다. 10여 년 전만 해도 할머니들이 "이제 내 인생을 찾겠다"며 남편에게 이혼을 청구하면 화젯거리가 되었는데, 이제는 그리 놀랄 일도 아니다. 한술 더 떠서 '대입 이혼'이 새로운 추세로 나타나고 있다. 자식이 대학에 입학하면 숙제를 다 끝낸 심정으로 이혼을 청구한다는 것이다. 대한민국 남성들이 반성해야 할 대목이다.

물론 이혼을 요구받은 남편들은 억울하다고 느낄 수도 있다. 하지만 황혼 이혼이나 대입 이혼의 원인을 제공하는 쪽은 대부분 남편이다. 남편의 불성실하고 무책임한 태도에 지친 나머지 이혼을 결심하는 아내들이 많기 때문이다. 남편들은 갑작스럽다고 생각할 수 있으나, 아내들은 이런저런 시도를 했음에도 상황이 개선되지 않아 포기했다고 말한다.

자신을 희생하면서 끝까지 가정을 지키겠다는 우리 어머니 세대의 인내심은 이제 존재하지 않는다. 그런 인내심을 요구해서도 안 될 것이다. 가정은 한 사람의 일방적인 희생으로 유지하는 것이 아니다.

한국의 혼인율과 이혼율

(단위: 인구 천 명당 건수)

연도	조혼인율	조이혼율
1970	9.2	0.4
1980	10.6	0.6
1990	9.3	1.1
2000	7.0	2.5
2005	6.5	2.6
2013	6.4	2.3
2023	3.8	1.8

조혼인율 = (1년간 혼인 수 / 연앙인구) × 1,000
조이혼율 = (1년간 이혼 수 / 연앙인구) × 1,000
주: 연앙인구란 한 해의 중간인 7월 1일을 기준으로 산출한 인구를 말한다.
자료: 통계청

가족 구성원 모두가 자신의 역할을 충실하게 수행함으로써 짐을 골고루 나누어 그 무게를 덜어야 할 것이다. 그러다 보면 행복도 2배, 3배가 될 것이 분명하다.

안타깝게도 대한민국 남성들은 가정에서의 역할을 제대로 공부할 기회를 갖지 못했다. 특히 나이 든 세대는 어릴 적부터 어머니에게 "남자가 부엌에 들어오면 큰일을 못 한다"며 야단을 맞았고, 아버지에게는 "남자가 눈물을 흘리면 안 된다"는 교육을 받았다. 가족의 형태가 급속도로 변화하고 다양화하면서 남편의 역할과 가정의 원칙이 달라졌지만, 그 사실에 적응하지 못하거나 노력하지 않는 남성들이 많다. 기존의 체제와 사고방식에서 벗어나 집안일에 적극적으로 참여하고 아내의 관심사도 존중해가며 대화 시간을 늘려보자. 배우자와의 좋은 관계는 편안한 노후의 필수 조건이다.

금슬이 좋은 부부는 그렇지 않은 부부보다 더 건강할 가능성이 높고, 더 부자일 가능성도 높다. 우리에게 인생에서 중요한 몇 가지를 고르라고 하면 건강한 삶과 풍요로운 삶을 빼놓을 수 없다. 그렇게 중요한 두 가지를 이루어준다는데 배우자와 더 사이좋게 지내기 위해 노력하지 않을 이유가 있을까?

10장

품위 있고 행복한
노년의 비밀

노당익장

2024년 1월 17일 《워싱턴포스트》는 새해를 맞아 스스로를 리셋하자는 주제로 리처드 모건이라는 인물을 소개했다. 93세인 모건의 신체 나이는 놀랍게도 30~40대에 머물러 있었다. 의학 전문가들이 각종 검사를 통해 내린 결론이었다. 모건은 요리사와 배터리 공장 근로자로 평범한 생을 보내다가 73세에 은퇴하면서 본격적으로 운동을 시작했는데, 실내 조정 경기에 출전해 4관왕을 차지할 만큼 건강했다. 우리나라에도 일흔이 넘은 나이에 보디빌딩 대회에서 우승하고 마라톤을 완주하는 등 놀랄 만큼 건강한 사람들이 있다. 운동을 하면서 힘과 기력이 젊은 사람 못지않게 좋아진 경우다.

이렇듯 젊은이 이상으로 뛰어난 역량을 발휘하는 노인들을 볼 때 우리는 노익장(老益壯)이라는 말을 떠올린다. 노익장은 원래 노당익장(老當益壯)으로, 『후한서』 「마원」 전에 나오는 일화에서 유래한 말이다. 후한에 반란이 일어나 대장군 마원이 출정하려 하자 광무제가 "그대는 이미 늙었소" 하고 만류했다. 이에 마원은 "신의 나이 62세지만 아직도 갑옷을 입고 말을 탈 수 있으니 늙었다고 할 수 없습니다"라고 답했다. 그러면서 대장부는 궁당익견 노당익장(窮當益堅 老當益壯)이라 했으니, '곤궁해도 더욱 굳세야 하고 늙어도 더욱 씩씩해야 한다'는 뜻이다. 광무제는 마원의 말에 크게 감탄했다고 한다.

노익장을 과시하는 사람들은 나이와 상관없이 젊은이 같은 능력과 패기를 가지고 있다. 노인들은 고독하고 의존적일 거라는 편견을 뛰어넘을 뿐 아니라 노년에도 여전히 성장하고 발전할 수 있음을 보여준다. 그들이 내세우는 건강 비결은 정신적으로 늘 깨어 있는 것, 그리고 활동을 게을리하지 않는 것이다. 음식도 영양가를 따져가며 먹어야 한다. 변화하는 사회에 잘 적응하기 위해 배움의 끈을 놓지 않으려는 노력 또한 필요하다.

물론 모든 노인이 노익장을 발휘하며 살아갈 수는 없다. 하지만 노익장은 고령사회를 대비하는 데 있어 중요한 키워드다. 생산적 노년, 성공적 노년의 정착을 위해서는 노인과 노후에 대한 잘못된 고정관념에서 벗어나야 한다. 활기차고 긍정적인 노년이라는 인생관과 가치관을 공통분모로 하여 개인과 사회가 함께 노력해나가야 할 것이다. 노년은 그저 쉬는 시기가 아니다. 특히 경력을 쌓아온 노년층 전문가들이 자신의 지식과 경험을 계속 살릴 수 있다면 본인은 물론 기업이나 사회에도 큰 보탬이 될 것이라 믿는다.

프랑스의 교수이자 시인, 생물학자였던 장 앙리 파브르는 노익장의 전형이다. 1823년에 태어나 92세에 세상을 떠났으니, 당시의 의학 발달 수준을 고려하면 아주 긴 삶을 살았다고 할 수 있다. 그는 은퇴 후에도 연구 활동을 왕성하게 했다. 노년에는 프랑스 남부 지방의 시골 마을에서 살았는데, 곤충들에게 말을 걸기도 하는 등 특이한 행동을 보일 때가 많았다. 동네 사람들은 그를 마법사라고 불렀다. 미친 사람이라고 하는 사람도 있었다.

어느 날 당시 프랑스 대통령이었던 레몽 푸앵카레가 파브르를 찾아갔다. 동네 사람들은 깜짝 놀랐지만, 정작 프랑스 국민은 파브르에게 별 관심을 보이지 않았다. 이러한 냉담한 태도를 비난하는 글이 한 신문에 실리게 되었고, 덕분에 사람들은 파브르를 인정하며 응원하기 시작했다. 그의 위대한 업적을 기리고 연구를 돕기 위한

노당익장

운동을 펼치기도 했다. 그때 파브르의 나이는 85세였다. 그다음 해인 1907년, 파브르는 총 10권으로 이루어진 『파브르 곤충기』의 마지막 권을 출간했다. 제1권이 1879년에 출간됐으니 무려 30여 년에 걸쳐 대작을 남긴 것이다. 프랑스는 마침내 4월 3일을 '파브르의 날'로 지정하기에 이르렀다.

그의 연구와 집필 활동은 노년의 오랜 세월 동안 이루어졌다. 느린 듯하지만 잠깐 한눈을 판 사이에 어느덧 저만큼 가 있는 달팽이의 움직임 같은 것이었다. 오스트리아의 역사학자 마르틴 아우어(Martin Auer)가 파브르의 삶을 세상에 널리 알리기 위해 쓴 『파브르 평전: 나는 살아 있는 것은 연구한다』에는 "파브르의 방법은 동물을 끈기 있게 관찰하고 거기서 관찰한 것을 조심스럽게 기록하는 것으로, 때로는 몇 년씩 걸린다"고 나와 있다.

파브르는 젊은이들에게 자연과학에 대한 사랑을 불어넣어 주고 싶었다는 말을 자주 한 것으로 전해진다. 현재 『파브르 곤충기』는 세계 여러 나라에서 번역되어 널리 읽히고 있다. 그의 바람이 이루어진 셈이다.

나이는 어떻게 보면 숫자에 불과하다. 평균수명이 늘어나면서 노인들은 분명 젊어지고 있다. 과거의 60세와 요즘 60세는 건강 상태가 확연히 다르다. 장수 시대에는 자기 나이에 0.7을 곱해야 옛날 사

10장 품위 있고 행복한 노년의 비밀

람들의 나이와 비슷해진다는 말도 있다. 기력이 조금 떨어지더라도 열정과 호기심을 잃지 않는다면 청춘처럼 살 수 있을지도 모른다. 나이를 뛰어넘는 삶만이 나이를 먹지 않는 것이다.

그런 만큼 노년기에 새로 펼쳐지는 인생을 어떻게 보낼지 고민하지 않을 수 없다. 어떤 사람은 돈만 있으면 걱정할 게 없다고 하고, 또 어떤 사람은 몸이 아프면 무슨 소용이냐고 한다. 돈이 있고 건강해도 놀기만 하면 지루하니 의미 있는 일을 해야 한다고 말하는 사람도 있다. 사실 돈, 건강, 삶의 질은 모두 중요한 것들이다. 실제로 고령층을 대상으로 설문조사를 해보면 행복한 노후를 방해하는 3대 요소로 빈곤, 질병, 고독감을 꼽는다.

은퇴 후에는 근로소득이 끊기는 경우가 많다. 나이가 들수록 병치레도 잦아진다. 젊었을 적 만났던 사람들과는 점차 소원해지고, 때로는 유명을 달리하는 사람도 생긴다. 때때로 외로움을 느끼며 자칫 우울감에 빠질 수도 있다. 노후 생활자금은 넉넉한 편인가? 건강에는 이상이 없는가? 어떻게 하면 남은 세월을 보람차게 보낼 수 있을까? 사람마다 정도의 차이는 있겠지만, 대부분 60세에 들어서면 이와 같은 질문에 대한 답을 찾느라 고민하게 된다. 이런 고민에서 벗어나 있다면 다행일 것이다. 하지만 그렇지 못하다면, 그 사실을 깨달은 바로 그 순간에 일을 도모해야 한다.

노당익장

누구든 자신의 노년을 떠올릴 때, 걱정이나 불안, 두려움이 아닌 설렘을 느낄 수 있다면 좋겠다. 자유롭고 여유로운 삶을 누리며 노익장을 자랑하는 노인들이 늘어나기를 바란다. 그렇게만 된다면 다들 자신의 인생 후반기를 편안하고 기꺼운 마음으로 받아들일 수 있지 않을까.

철학자처럼
느긋하게 나이 드는 법

나이가 들었다고 해서 삶에 대한 열정까지 사라지는 것은 아니다. 젊은 사람에 비해 체력은 부족할 수 있지만, 건강이 허락하는 한 일을 계속하고 싶다는 사람이 많다. 기회가 닿는 한 어떤 일이든 해보려는 사람도 있고, 새로운 분야에 도전하기를 좋아하는 사람도 있다. 나이와 상관없이 활발하게 움직이며 보람을 얻고자 하는 사람이 늘어나는 것은 긍정적인 현상이다. 하지만 늘그막을 사는 사람이 지켜야 할 분명한 원칙이 있다.

미국의 저술가 대니얼 클라인(Daniel Klein)은 "노년기에 접어들면 자신이 늙었다는 사실 자체를 잊지 말아야 한다"고 당부한다. 한 때 그는 나이가 들어도 열정이 있는 한 젊게 사는 게 좋다며 인공치아 시술까지 받으려 했다. 그러다가 그리스의 이드라 섬에 있는 카미니 마을이라는 곳으로 여행을 떠나게 된다.

아테네에서 남쪽으로 70여 킬로미터 떨어져 있는 이드라 섬은 에피쿠로스의 철학에 심취한 사람들이 행복한 노년을 보내기 위해 즐겨 찾는 곳이었다. 클라인은 그 섬에서 지내는 동안 인생의 마지막을 진실하고 만족스럽게 보내는 방법에 대해 고민한다. 그리고 마침내 자신의 철학을 담아 책을 출간했는데, 그 제목이 바로 『철학자처럼 느긋하게 나이 드는 법』이다. 이 책은 그가 고대 그리스의 철학자 에피쿠로스를 만나 이야기하는 형식으로 쓰여 있다.

클라인은 다음과 같이 에피쿠로스를 노년 예찬론자로 소개한다.

"노년이 인생의 절정일 수도 있다. 운이 좋은 사람은 젊은이가 아니라 일생을 잘 살아온 늙은이다. 혈기가 왕성한 젊은이는 신념에 따라 마음이 흔들리고 운수에 끌려 방황하지만, 늙은이는 항구에 정박한 배처럼 느긋하게 행복을 즐긴다."

나이가 들었다고 절망해서도 안 되겠지만, 청춘을 유지하기 위해 숨 가쁘게 달리는 것도 피해야 한다는 것이 클라인의 주장이다. "영원한 청춘을 꿈꾸다 보면 내 인생에 유일무이하고 소중한 단계를 스스로 버리게 된다"는 것이다. 앞만 보고 달리다 보면 살아온 여정을 회고할 시간을 갖지 못한다. 노인으로서의 진정한 삶을 즐길 기회를 잃는 셈이다. 그러다가 어느 시점에 가서 갑작스레 건강이 악화되기라도 하면 곧바로 초고령 단계에 진입할 수 있다. 어느 시기나 그렇지만, 노년기 역시 두 번 오지 않는다. 따라서 젊음에 집착하기보다는 차분하게 인생의 황혼기를 성찰하며 살아갈 필요가 있다.

이 책의 핵심 메시지는 조금이라도 이른 나이에 노후를 준비하고 꾸준히 능력과 지식을 키워가는 게 중요하다는 것이다. 그렇게 살아온 사람일수록 나이 들어 행복한 삶을 꾸려나가는 데 유리한 고지를 확보할 수 있기 때문이다.

클라인은 '초고령기'에 대해 지나치게 고민하지 말라는 충고도 잊지 않는다. 그가 말하는 '제대로 노년을 보내는 방법'이란 숨 가쁘게 야망을 품는 것도, 끊임없이 절망감에 휩싸여 지내는 것도 아니다. 다만 그 자체에서 의미를 찾는 것이다.

그렇다면 노년기의 시간은 어떻게 활용해야 할까? 클라인은 이렇게 답하고 있다.

"만족스러운 노년을 보내려면 의식이 온전할 때 이성적으로 살 수 있는 기간이 얼마나 남아 있는지 자기 자신에게 솔직하게 알려주어야 한다는 생각이 들었다. 내게 남은 시간을 솔직하게 인정하면 그 시간을 가장 적절하게 이용하고 싶어질 것이다."

누구든 주어진 시간을 잘 활용해야 한다. 노년의 시간 역시 그렇다. 다만 클라인의 시각에서 보면 사람이 늙지는 않고 계속 젊게만 산다는 게 반드시 좋기만 한 것은 아닌 것 같다. 노인은 자신의 인생을 되돌아보기에 가장 적합한 단계에 있다. 젊은 시절과는 다르다. 젊었을 때는 대부분 바쁘게 일하느라 '인생의 궁극적인 의미'와 같은 철학적 화두에 매달릴 겨를이 없다.

노년에 들어 노익장의 삶이냐, 아니면 철학자처럼 느긋한 삶이냐를 놓고 고민하지는 않았으면 한다. 이는 양자택일의 문제가 아니다. 어디까지나 각자의 성향과 건강 상태, 경제적 상황 등을 바탕으로 조화롭게 삶을 꾸려가는 것이 중요하다고 할 수 있을 것이다.

10장 품위 있고 행복한 노년의 비밀

여러분!
행복하십니까?

문자가 발명된 후 가장 많이 구사된 단어는 아마도 '사랑'이 아닐까. 그에 버금갈 만큼 쓰인 단어가 있다면 분명 '행복'일 것이다. 행복이라는 말을 언급한 사람 가운데 가장 기억에 남는 사람은 교황 요한 바오로 2세다. 그는 "여러분, 저는 행복합니다. 여러분도 행복하세요"라는 말을 남기고 세상을 떠났다. 죽음에 이르는 질병의 고통을 겪으면서도 "행복하다"고 했으며, 전 세계 인류를 향해 "행복하세요"라고 축복했다. 모든 사람의 행복을 기원하는 것. 교황으로서 그 이상의 기도는 없다. 너나없이 최종적으로 추구하는 가치는 행복이기 때문이다.

누구나 행복을 추구한다고 하지만, "행복하십니까?"라는 질문을 받았을 때 선뜻 그렇다고 대답하는 사람은 드물다. 그래서 인간은 오랜 역사를 거쳐오는 내내 '행복은 무엇일까', '행복해지려면 어떻게 해야 할까'를 끊임없이 묻고 탐색하는 것인지도 모른다.

아리스토텔레스는 『니코마코스 윤리학』에서 인간이 그 자체로서 추구하는 유일한 것이 행복이라고 말했다. 사람들이 부자가 되기 위해 노력하는 것은 부(富) 자체가 아니라 행복을 얻기 위함이며, 명성을 추구하는 것도 행복해지기 위해서는 명성이 필요하다고 생각하기 때문이라는 것이다.

행복에 대한 정의를 찾아보면 '심신의 욕구가 충족되어 부족함이 없는 상태' 또는 '만족감이나 즐거움을 느끼는 정서적 또는 감정적 상태'라고 되어 있다. '행복'이라고 하면 떠오르는 단어는 웰빙, 기쁨, 건강, 안전, 만족 그리고 사랑이다. 그 반대편에는 고난, 좌절, 슬픔, 걱정 그리고 고통과 같은 단어가 있을 것이다. 또한 행복은 화목한 가정 분위기, 사랑하는 사람과의 결혼, 경제적 안정에서 비롯된다고들 한다. 그렇다면 학대, 사고, 실업, 갈등과 같은 것은 행복지수를 낮추는 요소라고 할 수 있다.

이렇듯 행복지수를 높이는 환경이 있고 낮추는 환경이 있지만,

이것도 어디까지나 상대적이다. 개인이 받아들이는 정도에 따라 그 영향력이 달라지기 때문이다. 객관적으로 사람들이 부러워하는 환경에 있으면서도 행복을 느끼지 못하는 사람이 있는가 하면, 확실히 어려운 환경임에도 자신의 행복지수를 높게 유지하는 사람이 있다. 비슷한 환경에 있다고 해서 행복지수가 비슷한 것도 아니다. 행복이야말로 객관적 측정이 어려운 주관적 상태라는 뜻이다.

따라서 개인의 행복지수를 측정하는 방법은 단 한 가지뿐이다. 본인에게 얼마나 행복한지 물어보는 것이다. 타인이 그 사람의 행복에 대해 아무리 높게 평가한들 본인이 행복하다고 느끼지 못하는 한 행복지수는 낮을 수밖에 없다. 결국 각자의 '마음'이 행복을 결정짓는 중요 요소라는 이야기다. 행복을 느끼는 데 있어 돈이 전부가 아니라는 말이기도 하다.

인도에는 「99의 악순환」이라는 우화가 있다. 가진 게 없는 이발사가 있었다. 행복하게 살고 있던 그는 갑자기 99루피를 손에 쥐게 되었다. 그러자 1루피를 채우고 싶다는 욕망에 사로잡혔고, 결국 불행해지고 말았다. 그 이발사는 99루피가 생겨서 풍족해졌다고 생각하기보다는 그것이 '1루피가 모자란 100루피'라며 불만에 차 있었다. 사실 100루피를 가지게 된다고 해도 기쁨을 누리지 못했을 것이다. 욕심은 사람을 행복으로부터 멀어지게 만든다. 마음에 끌려다니는 대신 자신의 마음을 끌고 다녀야 한다. 그래야 주어진 상황에 휘둘리지 않고 중심을 잘 잡을 수 있는 까닭이다.

행복이 심신의 욕구를 충족시키는 것이라면 그 개념은 간단하다. 하지만 심신의 욕구 충족이 실제로는 전혀 간단하지 않다는 게 인간의 딜레마다. 몸의 욕구를 채우는 것은 어느 정도 가능한 일이다. 그러나 마음의 욕구는 끝이 없기 때문에 그것을 채우기란 불가능하다. 그래서 행복해지기 어려운 것은 인간의 숙명이다.

1950~1960년대 우리나라에서 행복은 먹고사는 문제였다. 당시에는 세 끼 밥을 먹고 살면 부자 소리를 들었다. 대부분 한 끼 정도는 고구마나 감자로 해결하며 살았다. 집에 손님이 와서 식사 대접이라도 하는 날에는 한 끼를 더 고구마로 때워야 했다. "뛰지 마라! 배 꺼질라." 어른들은 툭하면 이런 말을 했다. 먹을 것이 넉넉하지 않으니 열량을 금방 소비하지 말라는 뜻이었다. 100년 전의 이야기도 아니고, 가뭄과 기근으로 수만 명의 어린이가 굶어 죽는 아프리카 어느 나라의 이야기도 아니다. 불과 50여 년 전 우리나라에서 일상적으로 일어났던 일이다.

지금은 '배 꺼지게 하려고 달리는' 세상이 되었다. 한강변은 이른 아침부터 달리기를 하는 사람들로 붐빈다. 실내 스포츠센터에서 달리는 사람도 많다. 등산, 테니스, 인라인스케이트 등 각종 스포츠를 즐기며 체중을 조절하고 친목을 다진다. 아웃도어 관련 산업은 불황 속에서도 계속 성장하고 있다.

1970년대만 하더라도 아랫배와 얼굴에 두툼하게 살이 오른 사람더러 부자상이라고 했는데, 지금은 자기관리를 못 한 나태한 사람으로 치부한다. 심지어 비만인은 정상 체중을 가진 사람보다 승진이 늦고 월급이 더 적다는 연구 결과도 있다. '살이 많이 찐 사람은 게으르고 자기관리를 제대로 하지 못할 것'이라는 사회 인식을 반영한 결과로 보인다.

오늘날 먹는 문제를 고민하는 사람은 거의 없다. 그럼에도 사람들은 굶주림이 일상이던 시절에 비해 그다지 행복해진 것 같지 않다. 왜일까? 먹는 문제는 해결됐지만 사는 문제에 대한 해답은 아직 얻지 못해서가 아닐까. 맛있는 음식을 먹고 안락하게 쉴 수 있으면 인생이 행복해질 줄 알았는데, 여전히 그렇지 못한 걸 보면 뭔가 부족한 것이 분명하다.

이제 우리는 사는 문제에 관심을 기울여야 한다. 먹는 문제가 몸의 욕구라면, 사는 문제는 마음의 욕구다. 그렇기 때문에 사는 문제를 해결하는 것은 먹는 문제를 해결하는 것에 비해 한층 어렵다. 사는 문제를 해결하기 위해서는 무엇보다 마음을 잘 다스리는 것이 중요하다.

수많은 현대인이 마음을 다스리는 글과 명상, 호흡법, 상담 등에 관심을 기울이는 이유는 결국 사는 문제를 잘 해결하기 위함이다. 사는 문제에 대한 답을 구하고 찾는 과정은 우리를 행복과 가까운 곳으로 인도할 것이다.

행복지수 =
가진 것 / 바라는 것

사람들의 행복지수를 높이는 데는 광고 금지도 한몫을 한다는 주장이 있다. 바로 행복을 연구하는 과학자들의 이야기가 그것인데, 영국의 경제학자로 평생 행복에 관해 연구한 리처드 레이어드(Lord Richard Layard)는 국가에서 광고를 중단시켜야 한다고 말한다. '상품에 관한 정보를 지극히 제한적으로 실을 수 있는 화보 광고는 특히 사람들에게 자신이 가난하다는 느낌을 갖게 한다'는 이유다. 실제로 국가가 나서서 대부분의 거리 광고뿐만 아니라 특히 어린이를 대상으로 한 광고를 전면 금지하는 등 국민의 행복지수를 높이는 방향으로 정책을 세우는 나라도 있다. 전 세계에서 국민의 행복지수가 상위권이라고 하는 아시아의 가난한 나라, 부탄의 이야기다. 이러한 부탄이 진정 행복지수가 높은 나라냐를 두고 의견이 분분하기도 하고, 자본주의 국가에서 광고를 중단할 수 있을지에 대해서도 의문이지만, 광고의 부작용에 관한 레이어드의 의견도 일리가 있다.

학자들은 광고가 사람들의 욕망을 자극함으로써 자신들의 상황을 실제보다 더 나쁘다고 인식하게 한다는 점을 지적한다. 이는 내가 정의하는 행복지수와 일맥상통한다. 나는 행복지수를 '가진 것 / 바라는 것'이라는 아주 간단한 수식으로 정의한다. 예를 들어 자신이 지금 가진 것이나 이룬 것이 80이고 바라는 것이 100이라면, 그 사람의 행복지수는 80점이다. 물론 명확히 정의된 개념은 아니다. 그저 내가 세상을 살아오면서 느낀 생각을 정리하다가 떠올린 간단한 방식이다.

여기에서는 이 분자와 분모의 미묘한 상관관계에 대해 이야기해볼까 한다. 사람은 자신이 가진 것을 당연하게 여긴다. 그것이 얼마나 가치 있고 소중한지 깊이 생각하지 않는다. 이미 가지고 있는 것이기 때문이다. 그리고 아직 갖지 못한 것, 바라는 것을 더 크고 중요하게 여긴다. 가진 것이 아무리 많아도 바라는 것이 커지면 자신이 불행하다고 느낀다.

10장 품위 있고 행복한 노년의 비밀

학창 시절에는 남보다 좋은 성적을 거두면 행복해질 거라 믿는다. 좋은 대학에만 들어가면 더 바랄 게 없을 것 같다. 하지만 좋은 대학에 입학하고 나면 좋은 직장에 취업해야 한다는 생각이 든다. 좋은 직장에 들어간 뒤에는 남보다 빨리 승진하기 위해 맹렬하게 노력한다. 결혼하고 나면 남보다 더 좋은 집을 갖기 위한 경쟁이 시작되고, 아이를 낳고 나면 다른 집 아이보다 더 좋은 학교에 보내기 위한 경쟁이 시작된다. 행복하기에는 우리의 인생이 너무 숨 가쁘다. 경쟁에서 늘 앞서 있는 사람은 어느 정도 행복을 느껴야 할 것 같은데, 실상은 그렇지 않다. 여기에 세상의 묘한 이치가 숨어 있다.

행복은 몸과 마음의 욕구가 채워진 상태라고 했다. 사람들은 행복지수의 분자, 즉 '가진 것'을 늘리기 위해 온갖 노력을 한다. 그런 노력을 통해 학벌과 재산, 명예를 모두 얻은 사람도 있다. 몸(물질)의 욕구가 채워졌는데도 행복해지지 않았다면 마음의 욕구를 살펴보는 지혜가 필요하다. 행복지수 중 분모에 해당하는 '바라는 것' 말이다. 그렇다면 행복지수를 높이기 위해서는 분자를 늘리는 쪽이 빠를까, 아니면 분모를 줄이는 쪽이 빠를까? 분석해보면 재미있는 결과가 나온다.

분자를 1씩 늘려보면 행복지수는 0.2씩 일정하게 늘어난다. 그리고 분모를 1씩 줄여보면 행복지수의 변화가 미미하지만, 그 변화의

행복지수 = 가진 것 / 바라는 것

행복지수를 높이는 두 가지 방법

▶ $\dfrac{1}{5}$ (0.2) $\xrightarrow[+0.05]{}$ $\dfrac{2}{5}$ (0.4) $\xrightarrow[+0.05]{}$ $\dfrac{3}{5}$ (0.6) $\xrightarrow[+0.05]{}$ $\dfrac{4}{5}$ (0.8) $\xrightarrow[+0.05]{}$ $\dfrac{5}{5}$ (1)

▶ $\dfrac{1}{5}$ (0.2) $\xrightarrow[+0.05]{}$ $\dfrac{1}{4}$ (0.25) $\xrightarrow[+0.05]{}$ $\dfrac{1}{3}$ (0.33) $\xrightarrow[+0.05]{}$ $\dfrac{1}{2}$ (0.5) $\xrightarrow[+0.05]{}$ $\dfrac{1}{1}$ (1)

폭이 점차 커진다. 처음과 끝은 1/5과 1로 같은데, 변화하는 과정에서 확연한 차이가 드러나는 것이다. 가진 것을 늘리면 당장은 행복이 커지는 데 반해 바라는 것을 줄이면 처음에는 별다른 효과가 별로 없는 것처럼 보인다. 이것이 분모를 줄이기 어려운 이유, 즉 욕심을 줄이기 어려운 이유가 아닐까?

사막에도 우기에는 비가 내린다. 워낙 마른땅이라 한참 비가 내려도 마치 그런 적이 없는 것처럼 다 스며들어 버린다. 하지만 어느 정도 시간이 지나면 그 비가 도랑을 채우고 격렬하게 흐른다. 눈에 보이지 않는다고 해서 효과가 없는 것은 아니다. 그저 마음속 깊은 곳에 차곡차곡 쌓이는 것이다. 눈에 보이는 결과에 급급한 사람은 그 사실을 알지 못하거나 알아도 무시하고 만다.

앞서 계산한 바에 따르면 단기간에는 확실히 분자를 늘리는 쪽이 행복지수를 높이는 데 효과적인 것처럼 보인다. 하지만 이는 분

10장 품위 있고 행복한 노년의 비밀 ● 218

자와 분모 중 한쪽만 변하고 다른 한쪽은 고정되어 있을 때의 이야기다. 둘 다 변하는 상황을 가정해보면 결과는 완전히 달라진다. 바라는 것을 실제로 갖기 위해서는 다른 사람과 경쟁하며 노력해야 한다. 그만큼 가진 것을 늘리기란 쉽지 않다. 반면 바라는 것은 너무도 쉽게 늘어난다. 사람의 욕심은 끝이 없기 때문이다. 그래서 분모가 늘어나는 속도를 분자가 따라가기는 매우 힘들다.

가진 것이 4인 사람과 1인 사람을 비교해보자. 가진 것이 4인 사람은 바라는 것이 5이고, 따라서 그의 행복지수는 80점이다. 만약 그 사람의 욕심이 점점 커져서 바라는 것이 8이나 9, 10으로 늘어난다면 행복지수는 50점 이하로 떨어질 것이다. 그런데 가진 것이 1뿐이어도 바라는 것이 1인 사람은 행복지수가 100점이다. 행복이 가진 것의 양에 비례해서 커지지 않는 이유가 여기에 있다.

내 지인 중 한 사람은 남부러울 게 없이 산다. 강남에 60평대 아파트와 오피스텔을 소유하고 있으며 다정한 아내, 두 아들과 단란한 가정을 꾸리고 있다. 본인의 사회 경력도 화려하고, 자식들은 모두 좋은 대학을 나와 직장에 다니는 중이다. 그런데 어느 날 그가 아무래도 실패한 인생 같다며 한숨을 내쉬었다. 강남의 아파트값이 이렇게 뛸 줄 몰랐다는 것이다. 그는 다른 데 투자한 돈으로 아파트를 샀으면 최소 5배 이상 돈을 벌었을 거라며 후회를 했다. 집 한 채 없는

행복지수 = 가진 것 / 바라는 것

사람이 이런 이야기를 들으면 분통이 터질 일이지만, 그 사람의 통탄과 억울함은 '진짜'였다. 아무리 많이 가져도 욕심이 채워지지 않는 한 행복과는 멀어지는 것이다.

결국 바라는 것을 줄이는 쪽이 더디지만 행복에 이르는 가장 확실한 방법이다. 예수의 산상수훈에 이런 말이 있다.

"마음이 가난한 자는 복이 있나니 천국이 저들의 것임이요."

'마음이 가난한 자'에 대한 해석은 각기 다르겠지만, 나는 '욕심을 다스리는 자'로 해석하고 싶다.

참 행복 누리기

현역에서 은퇴하고 나면 여러 면에서 변화를 겪게 된다. 지난날 누렸던 지위나 소득, 체력, 생활 리듬, 가정 내 역할 등은 잊어야 할지 모른다. 100세 시대라고 하지만, 모두가 100세까지 행복하게 산다는 의미는 아니다. 사랑하는 가족과 행복한 시간을 보내다가 미소 띤 얼굴로 삶을 마감할 가능성은 오히려 낮다. 대개는 병상이나 양로원에서 죽음을 맞는다. 홀로 쓸쓸히 생을 마치게 될 수도 있다.

70~90대의 노인들이 모인 요양병원에서는 사람을 판단하는 기준이 다르다고 한다. 과거 박사건 무학이건, 전문직이건 무직이건,

재산이 많건 적건 상관없다. 누구나 똑같이 환자복을 입고 누워 있는 그곳에서는 안부 전화가 자주 오고, 간식이나 생필품을 많이 받는 이가 상류층이다. 가족과 친구로부터 받은 간식과 생필품을 의료진이나 같은 병실 환자들에게 나눠 주는 사람이 부러움의 대상이 되는 것이다. 병실의 계급은 그렇게 생겨난다.

"내 옆자리 할머니는 밖에서 교장 선생님이었고 아들도 고위 공무원이라는데, 사과 몇 알은커녕 전화도 거의 안 오더라. 그래서 내가 받은 간식을 나눠 주면 고맙다고 하면서도 민망한 표정을 지었어. 나라도 그이 아들한테 전화를 걸어서 야단을 치고 싶었다니까. 몇 달 아파서 요양병원에 있어보니 왕년의 직함이나 과거사는 다 부질없더라고."

지인의 말을 듣고 나 역시 깨달은 바가 컸다. 과거에 연연하거나 미래를 불안해할 것은 없다. 그저 오늘에 충실하면 된다. 다만 그 오늘은 나 혼자 살아가는 것이 아니다. 바로 지금, 가족과 즐거운 시간을 보내며 친지들에게 안부 연락을 하는 일, 결혼식이나 장례식에 참석해 기쁨과 슬픔을 함께 나누는 일이야말로 말년을 풍성하고 풍요롭게 보내는 보험이다. 그 보험은 전략이나 잔머리만으로 유지할 수 없다. 진심과 성의라는 보험료를 차곡차곡 모아야 행복한 말년이라는 보험금이 나에게 돌아온다. 자녀에게 공부나 성공만을 강요한 부모, 친구들과의 관계에서 조금도 손해를 보지 않으려는 사람은 십중팔구 고독한 말년을 보내게 될 것이다.

노후에 내 손을 잡고 대화를 나눠줄 사람이 있다면 그것이 바로 행복이다. 결국 노후의 행복을 결정짓는 것은 '관계'다. 최근 가까운 후배를 만나 점심을 샀더니 그 후배가 "왜 항상 돈을 선배가 내요?"라고 물어왔다. 나는 "저금해두는 거야"라고 답했다. 훗날 내가 아플 때 그가 내 병실을 찾지 않더라도 가끔은 안부 전화를 걸어주거나 혹은 내 전화를 반갑게 받아주면 좋겠다는 마음에서 한 투자다. 물론 좋은 사람이기에 잘해주고 싶은 마음도 있다.

노경에 다가갈수록 '참 행복'을 찾아가며 사는 일이 중요하다. 참 행복은 관계 속에서 삶의 보람을 찾다 보면 얻을 수 있는 것이라고 생각한다. 그리고 삶의 보람이란 더 많은 것을 성취하기보다 기대 수준을 낮추는 데서 찾을 수 있지 않나 싶다. 간혹 결혼식 주례를 할 때가 있다. 나는 새로 시작하는 부부에게 "결혼 생활을 시작하면 그 순간부터 배우자에게 기대하는 바를 연애 시절의 절반으로 낮추라"고 말한다. 그것이 가정의 행복을 끌어올리는 지름길이라고 믿기 때문이다.

이와 마찬가지로 자녀나 친구, 직장 동료에 대한 기대감을 조금 낮춘다면 상대적으로 행복감은 조금 높아질 것이다. 무엇보다 중요한 것은 감사하는 마음이다. 지금껏 무사히 살아온 것은 자신만의 힘이 아니라 자신을 지지하고 도와준 사람들 덕분임을 기억해야 한다. 그저 기억하는 것에서 멈추지 않고 그들에게 감사의 마음을 전하며 살기를 바란다. 그들을 소중히 여기는 일이 자신을 사랑하는 일임을 명심할 필요가 있다.

타인에 대한 배려와 나눔 역시 행복을 높이는 길이다. 배려란 상대방을 염려하는 마음이다. 나눔은 물질적으로 누군가를 돕는 일만이 아니라 다른 이의 기쁨과 슬픔을 함께하는 일이라고 할 수 있다.

성경에는 다음과 같은 구절이 나온다.

"범사에 여러분에게 모본을 보여준 바와 같이 수고하여 약한 사람들을 돕고 또 주 예수께서 친히 말씀하신 바 주는 것이 받는 것보다 복이 있다 하심을 기억하여야 할지니라."

「사도행전」 20장 35절로, 많은 것을 가진 사람의 행복이란 단지 남들보다 더 많이 누리는 삶이 아니라, 남들과 더 많이 나눌 수 있는 삶에 있다는 의미다. 그리하여 받는 것보다 주는 것이 더 복된 일이라고 한다.

불경에서도 다른 사람에게 베풀면서 살아갈 것을 가르치고 있다. 「잡보장경」을 보면 무재칠시(無財七施)라 하여 가난한 사람도 베풀 수 있는 일곱 가지가 있다고 한다. 가령 친절은 아무 재산이 없는 사람도 남에게 베풀 수 있는 것이다. 친절한 사람의 말속에는 사랑과 칭찬이 있고, 위로와 부드러움이 있다는 것이다.

관계 외에도 삶의 보람을 찾는 방법이 있다. 봉사와 같이 자신에게 적합한 사회 활동을 찾아 새로운 생활 리듬을 만드는 것이다. 이런 일을 하다 보면 현역 시절과는 또 다른 성취감을 얻게 된다. 사회적 연결 고리가 생기면서 은퇴 후에 느끼는 허탈감과 쓸쓸함을 극복하게 되기도 한다. 재미를 느끼는 일과 의미를 더해주는 일이 균형을 이루면 삶의 만족도가 높아진다. 따라서 일상적 여가도 좋지만, 진지한 여가 활동을 더해서 노년에 가장 적합한 라이프 스타일을 만들 필요가 있다.

은퇴한 사람들 가운데는 사회공헌을 통해 삶의 보람을 찾았다고 이야기하는 사람이 많다. 실제로 80대 이상 노인 중 일주일에 몇 시간이라도 자기 일을 하는 사람들이 활기찬 생활을 하는 것으로 밝혀졌다. 미국 펜실베이니아주 아미쉬(Amish) 마을과 이탈리아 사르데냐(Sardegna) 지방은 세계적인 '할아버지 장수촌'이다. 그곳에 사는 사람들은 나이가 들어서도 활발한 신체 활동을 멈추지 않는다고 한다. 서울의대 박상철 교수는 "일을 하는 것은 단순히 몸을 쓰는 것이 아니라 마음을 쓰는 것"이라고 말하며 "이것이 장수 비결 중 하나"라고 설명한다. 주어진 상황에 감사하며 보람되게 사는 것. 노년의 참 행복은 역시 거기에 있다.

11장

사회가 행복해야
개인도 행복하다*

* 이 장은 《중앙일보》「오종남의 퍼스펙티브」 기고문을 토대로 한 것이다.

더는 방치할 수 없는 저출산·고령화

통계청의 발표에 따르면 2021년 우리나라 총인구는 전년도에 비해 9만 명가량 줄었다. 대한민국 정부가 수립된 1949년 이후 계속 늘어나던 인구가 72년 만에 처음 감소로 전환된 것이다. 2019년 「장래인구추계」에서는 총인구 감소 시점을 2029년으로 전망했다. 그런데 불과 2년 만에 그 일이 일어났다. 총인구 감소 시점이 8년이나 앞당겨진 셈이다.

2002년 2월 통계청장으로 부임한 후 우리나라의 현실을 숫자로 맞닥뜨렸다. 1960년에서 2000년 40년 사이에 평균수명은 52.4세에서 76.5세로 늘고, 출생률은 6.1명에서 1.3명으로 낮아진 것이다. 이렇게 가다가는 총인구에서 고령 인구가 차지하는 비중이 급속하게 높아질 수밖에 없다는 생각이 들었다. 이른바 저출산·고령화 사회의 도래였다. 1.3명이었던 출생률은 이제 0.6~0.7명대로 떨어져 심각한 상황에 이르렀다.

65세 이상 인구가 전체의 7%를 넘어서면 '고령화사회', 14%를 넘어서면 '고령사회', 그리고 20%를 넘어서면 '초고령사회'라고 부른다. 우리나라는 2000년에 고령화사회, 2017년에 고령사회에 진입했다. 통계청은 매년 노인의 날(10월 2일)에 맞추어 「고령자 통계」를 작성하는데, 2023년 자료에 따르면 우리나라는 2025년에 초고령사회가 될 것으로 전망된다. 고령화사회에서 초고령사회로 넘어가는 데 100년이 넘게 걸린 선진국도 있지만, 일본의 경우는 35년 걸렸다. 우리나라는 그보다 빠른 25년 만에 초고령사회를 눈앞에 두고 있다.

인구 변화가 경제에 미치는 영향에 대해 역사적으로 많은 논의가 있어왔다. 18세기 토머스 맬서스(Thomas Malthus)는 인구 증가가 기하급수적인 데 비해 식량 생산의 증가는 산술급수적이므로 인구가 늘어나면 빈곤이 깊어질 것이라는 비관적인 주장을 폈다. 반면 노벨 경제학상 수상자인 사이먼 쿠즈네츠(Simon Kuznets)는 1950년대에 인구가 많을수록 혁신 가능성이 커지기 때문에 경제성장이 촉진될 수 있다는 낙관적인 견해를 내놓았다. 그런데 산업혁명 이후 맬서스의 예상과 달리 생산성이 늘어나면서 지난 50년간 세계 인구는 2배 증가한 데 비해 식량 생산은 3배 증가하게 되었다. 오늘날 주류 경제학계는 이 사실에 주목한다. 인구를 구매력(수요)과 생산(공급)을 견인하는 경제의 힘으로 보는 것이다.

인구 고령화는 필연적으로 '인구 감소'와 '인구구조의 변화'를 가져온다. 출산율이 낮아져도 평균수명이 연장되는 만큼 당장 인구가 줄지는 않지만, 인구 감소는 결국 시간문제다. 우리나라에서는 이미 현실이 되었다. 저출산의 여파로 경제활동인구가 줄었고, 장차 경제의 주축이 될 유소년 인구는 빠르게 줄어드는 반면 고령 인구는 가파르게 증가하고 있다. 20년 후에는 3명 중 1명이 고령 인구가 될 것으로 보인다.

노인 빈곤 또한 심각하다. 상대적 빈곤율은 OECD 평균의 3배에 달하는 수준으로 최악이다. 고령 인구 비율이 높아지면 나라 경제의 활력이 떨어지고 연금과 의료비 지출 등 재정 부담은 늘어나게 되어 있다. 세금을 낼 사람은 점점 줄어드는데 국가 재정이 과연 지탱할 수 있을까?

이런 여건에서 지속 가능한 성장 동력을 유지하려면 우선 출산율을 높여 경제활동인구를 늘려야 한다. 하지만 그동안 쏟아부은 재원에 비해 출산 장려 효과는 미미한 실정이다. 보다 효과적인 저출산 대책은 무엇일까? 먼저 아이의 양육비용을 개인이 아닌 공적 부담으로 돌려 부모의 부담을 줄여주는 방안이다. 그리고 비록 숫자는 줄었을지라도 태어난 아이들이 자기 몫을 할 수 있도록 제대로 교육해야 한다. 경제발전 과정에서 잃어버린 소중한 가치들을 되찾기 위해서라도 과거의 '지덕체' 교육을 되살릴 필요가 있다.

출산율을 회복한다고 하더라도 신생아가 경제활동에 나서기까지는 대략 30년이 걸린다. 그렇다면 OECD가 권고하는 '활동하는 노년(active ageing)' 개념에 주목해보자. 고령자의 경제활동 참여를 확대하는 것이다. 일할 기회가 늘어나면 고령 인구의 소득이 높아지고 자연히 지갑도 열리게 된다. 그러면 나라의 복지지출 부담도 줄일 수 있다. 고령 인구를 경제적 소비자로 간주하고 부양 대상으로만 취급하면 고령화와 관련해 비관적 예측을 쏟아낼 수밖에 없다. 하지만 고령자도 생산 주체가 될 수 있다. 충분한 경험과 지식이 있는 고령자에게는 일정한 역할과 기회를 부여해야 한다. 물론 반대 의견도 만만치 않다. 고령자가 업무에 도움이 되는 게 아니라 걸림돌이 된다는 이유다. 그런 문제가 있다면 획일적으로 정년을 연장하는 대신 정년을 맞은 고령자들 가운데 계속 일할 수 있는 사람을 선별하는 방법도 있을 것이다.

마지막으로 세계적 수준의 경쟁력을 갖춘 여성 인력을 좀 더 활발하게 활용하면 좋겠다. 2024년 우리나라의 경제활동참가율은 71.7%인데 남성이 78.9%, 여성은 63.9%다. 여성의 경제활동참가율을 10%포인트만 올려도 전체 경제활동참가율을 5%가량 올릴 수 있다. 물론 여성들이 출산이나 육아, 가족 돌봄으로 인해 원치 않는 경력 단절을 겪지 않도록 정부 차원의 대책 마련이 필요할 것이다. 여성 인력이야말로 고령화에 따른 인력 부족을 보완할 수 있는 보고(寶庫)라고 할 수 있다.

저출산과 고령화는 더 이상 방치할 수 있는 문제가 아니다. 이제 저출산 대책에만 초점을 맞춰서는 안 된다. 늘어가는 고령 인구를 대기업 구직난과 중소기업 구인난이 공존하는 불편한 현실을 해결하는 방안으로 활용하기 위한 지혜를 모아야 할 때다.

천 리 길도
한 걸음부터

마음가짐이나 습관은 한 번 생기고 나면 좋든 나쁘든 바꾸기가 쉽지 않다. 충격적인 사건이나 피나는 노력으로 인해 변하는 사람도 있지만, 대개는 어린 시절에 형성된 가치관과 생활 습관을 평생 간직하게 된다. 따라서 유아 시기에는 정직과 책임, 예의와 성실, 그리고 협동과 질서 등의 가치를 잘 체득하고 내면화하도록 교육받아야 한다.

어린아이의 성격과 태도로 훗날 어른이 됐을 때의 모습을 짐작해 낼 수 있다는 실증연구 결과도 있다. 2000년에 미국 캘리포니아대학 연구팀은 성인 144명을 대상으로 인적 특성을 파악했다. 그리고 이렇게 파악한 각 개인의 특성을 그보다 40년 전 이들이 초등학생이었던 시절의 성격 평가 자료와 대조해보았다.

그랬더니 학력이 높고 큰 소리로 말을 유창하게 하며 밝은 성격을 가진 성인일수록 어렸을 때 수다스럽고 적응력이 뛰어나다는 평가를 받았음을 확인할 수 있었다. 반면 인간관계가 서툴고 자신에 대해 부정적으로 생각하는 성인일수록 과거 평가지에 말이 없고 적응력이 떨어지는 어린이로 기록되어 있더라는 것이다. 연구팀은 어릴 적 성격이 어른이 되어서도 거의 그대로 이어진다고 말하며, 유아기에 밝은 성격을 형성하고 적응력을 기르는 일이 중요하다는 결론을 내렸다.

이렇듯 유아교육이야말로 사람의 인생 전반을 좌우하는 기초가 됨을 알 수 있다. 조금 더 연장해보면, 태어나서부터 20대 후반에 이르는 '30년' 동안 형성된 습관과 마음가짐이 이후 그 사람의 생활양식과 대외적 이미지를 결정짓는다고 해석할 수도 있다. "천 리 길도 한 걸음부터"라는 속담이 있다. 모든 일은 처음부터 차근차근 진행해야 완성이 된다는 의미다.

『도덕경』 제64장에도 같은 글이 실려 있다. "아름드리나무는 털 끝 같은 씨앗에서 생겨나고, 9층의 누대는 한 무더기 흙에서 일어나며, 천 리 길도 한 걸음에서 시작된다(合抱之木 生於毫末 九層之臺 起於 累土 千里之行 始於足下, 합포지목 생어호말 구층지대 기어루토 천리지행 시어 족하)"는 구절이다.

씨앗에서 싹이 나고 줄기와 잎이 자라듯 사람도 영유아에서 시작해 아동기를 지나 청소년기에 접어든다. 그리고 이후의 인생 궤도에 차례로 진입해나가게 된다. 이 시기에는 체력을 다지는 일도 중요하다. 살아가는 동안 가장 왕성한 성장을 겪는 시기이자 신체적으로 완성되는 단계이기 때문이다. 흥미와 적성을 찾아 능력을 키워야 하는 시기이기도 하다. 이렇듯 자라나는 동안 올바른 가치관과 좋은 마음씨, 든든한 체력과 능력을 갖춘다면 사는 동안 소중한 자산이 될 것이다.

특히 신경 써야 할 부분이 있다면 바로 인성이다. 자신의 분야에서 전문성을 갖추는 일은 대단히 중요하다. 하지만 이보다 중요한 것은 다른 사람과 협업하고 시너지를 내는 일이다. 그러기 위해서는 마음이 열려 있어야 하고 상대를 배려할 줄 알아야 한다. '바른 인성'이야말로 4차 산업혁명 시대의 필수 능력인 셈이다.

요즘은 '학력보다 인성'이라고 할 정도로 인성을 강조하는 목소리가 높다. 학교에서 신입생을 선발하거나 기업이 직원을 뽑을 때도 마찬가지다. 주요 선진국은 이미 이런 문화가 정착돼가는 모습이다.

구글은 직원을 채용할 때 문제해결을 위해 노력하는 태도와 다른 사람을 존중할 줄 아는 품성을 중점적으로 본다고 한다.

'나도 틀릴 수 있다'는 생각으로 타인의 의견을 경청하는 '지적 겸손'은 중요한 평가 요소가 된다. 세계 유수의 대학들 역시 수험생의 인성을 평가 대상으로 삼고 있다. 옥스퍼드대학은 학업 성적 외에 인성 면접 결과를 중시하고, 프랑스는 대입 자격시험에 전공과 관계없이 철학 과목을 포함해 수험생의 가치관과 교양 등을 묻는다.

이렇듯 인성을 중시하는 이유는 무엇일까? 인간은 인성을 잘 갖추어야 능력을 건전하게 발휘할 수 있다고 믿기 때문이다. 기업이든 대학이든 능력이 다소 미흡한 사람은 가르침을 통해 변화시킬 수 있지만, 인성이 잘못된 사람은 두고두고 골칫거리가 될 수 있다는 데 인식을 같이한다. 분명 인성은 그 사람의 태도, 품성, 성격, 가치관, 신념 등 내면적인 부분이라서 쉽게 변하지 않는다.

바른 인성의 함양은 디지털 기술 중심의 미래 사회에 대비하는 중요한 방편이 될 것이다. 앞서 기업의 채용이나 대학의 신입생 선발 사례에서 보았듯이 이제 인성은 인간의 중요한 자산이 되어가고 있다. 중요한 것은 국민 개개인의 인성이 국가 경쟁력과도 직결된다는 사실이다. 일찍이 역사학자 아놀드 토인비는 "역사적으로 뛰어난 문명 21개 중 19개는 밖으로부터의 정복이 아닌 내부로부터의 도덕적 쇠퇴로 인해 소멸했다"고 설파한 바 있다.

지금 우리 사회는 갈수록 갈등과 반목이 심해지고 있다. 세계가 괄목할 만한 경제발전과 민주화를 동시에 이루었음에도 국민의 의식과 인성 발달은 그에 미치지 못한다는 견해가 지배적이다. 성인들 사이에서는 가정보다 회사가 우선이라는 인식이 팽배했고, 청소년들은 좋은 성적을 위해 친구와의 경쟁에 몰두해야 했다. 물질적인 풍요와 사회적인 출세가 최고의 선으로 치부되어 효도, 우애, 협력, 염치, 배려와 같은 소중한 가치를 배우고 익힐 틈이 없었다. 그 결과 사회적 병리 현상이 만연하게 되었다.

바른 인성은 교통법규와도 같아서 그것을 무시하면 자신뿐 아니라 타인까지 불행하게 만들 수 있다. 경제학의 아버지라 불리는 애덤 스미스는 『국부론』에 앞서 출간한 『도덕감정론』에서 '공존'과 '공감대'를 강조했다. "최고의 머리에서 최고의 가슴으로(the best head to the best heart)"라는 말을 남긴 그는 "자유에 따르는 가장 큰 위험은 도덕적 의미를 망각하는 것"이라고 말하며 이타적인 참된 감정에 기초한 도덕성 배양에 힘쓸 것을 촉구했다. 시장의 자유는 자칫 인간의 이기심만 조장할 수 있는 만큼 배려와 존중, 그리고 '노블레스 오블리주' 실천이 필요하다는 것이다.

인성교육은 가정이나 학교라는 특정한 공간이나 교과에 국한되지 않고 삶이 이어지는 내내 모든 곳에서 추구해야 할 일이다. 개개인이 좋은 인성을 갖게 될 때 행복한 사회가 되고, 사회가 행복해져야 개인이 행복해진다. 우리 사회가 인성교육에 더욱 힘써야 하는 이유다.

아이 키우기
좋은 나라 만들기

1983년 7월 29일 우리나라에 4,000만 명째 국민이 태어났다. 이 일을 계기로 나라에서는 '인구 폭발 방지 범국민 결의 서명 캠페인'을 벌여 무려 200만 명의 서명을 받았다. 가족계획협회는 "하나씩만 낳아도 삼천리는 초만원"이라는 표어를 내걸었다. 우리나라의 인구 문제를 이야기할 때 1983년은 빼놓을 수 없는 해다. 여성 1명이 낳을 것으로 예상되는 평균 자녀 수를 뜻하는 합계출산율은 1965년 6명 수준에서 계속 하락해 1983년 2.08을 기록하며 최초로 대체출산율(2.1명) 이하로 떨어지게 되었다. 대체출산율이란 한 국가가 인구를 유지하는 데 필요한 수준의 출산율을 말한다.

이런 상황임에도 나라에서는 1983년 1월 1일부터 1996년 12월 31일까지 14년 동안 셋째 아이부터는 건강보험 혜택을 주지 않는 출산 억제 정책을 썼다. 당시 누군가가 우리나라의 합계출산율 추이를 주의 깊게 살펴보고 미래의 출산율 하락을 염려했더라면 그런 정책을 펴지는 않았을 거라는 반성을 하게 된다. 2002년 2월에 통계청장으로 부임한 나는 다음 해인 2003년 합계출산율이 1.19임을 확인하며 저출산 추세가 위기 상황으로 치닫고 있음을 깨달았다. '저출산 고령화'를 주제로 방송 출연이나 신문 기고도 많이 했고, 『한국인 당신의 미래』라는 졸저를 출간하기까지 했다.

이제 우리나라 합계출산율은 유엔 인구 조사 대상 198개국 가운데 최하위 수준이다. 말 그대로 문제가 아닐 수 없다. 인구는 국토 면적과 더불어 국력의 기초가 된다. 생산 활동에 참여하는 인구가 많아져야 국민총생산이 늘어나고 소비 수요도 유지되며 나라 경제가 지속적으로 발전할 수 있다. 그런 맥락에서 보면 출산율을 높이는 일 못지않게 태어난 아이들을 제대로 교육하는 일 또한 중요하다는 결론에 이르게 된다.

정부는 출산율을 높이기 위해 오랫동안 많은 대책을 내놓았고, 많은 예산을 썼다. 지방자치단체는 앞다투어 출산 장려금을 지원하고 있다. 그런데 왜 출산율은 높아지지 않을까? 출생 장려금은 부부들이 출산을 결정하는 데 그다지 영향을 미치지 않는 것 같다. 아이는 낳을 때만 돈이 드는 게 아니다. 양육 과정에서 훨씬 큰 비용이 들어간다. 직접비용은 물론이고 기회비용 또한 엄청나다. 더욱이 여성의 경우에는 육아와 직장생활을 병행하는 일이 여간 힘들지 않다.

한때 하락했던 출산율이 비교적 높은 수준까지 올라온 프랑스와 스칸디나비아 국가 등은 우리에게 귀감이 된다. 이들은 '아이 키우고 싶은 나라, 아이가 행복한 나라'를 만든다는 목표를 세우고 철저하게 아동 중심으로 보육 정책을 펼쳐왔다. 아이는 가정이 아니면 외부 보육시설에서 돌본다. 가정 육아를 희망하는 부모는 육아휴직 같은 제도를 활용할 수 있고, 직장을 쉬는 동안 일정 수준의 생활비를 받을 수 있다. 외부 보육시설 역시 부모가 안심하고 아이를 맡길 수 있을 만큼 잘되어 있다.

우리도 앞선 나라들처럼 부모들의 부담을 획기적으로 덜어주어야 한다. 아이를 가정에서 돌보든, 외부 보육시설에 맡기든 양육이란 사적 부담이 아닌 공공의 부담이라는 사회적 공감대를 형성할 필요가 있다. 모든 아이가 건강하게 성장할 수 있도록 공적인 지원을 해준다는 분위기를 조성하는 것도 중요하다. 여기에 더해 일과 가정의 균형을 지킬 수 있는 근로 문화가 확립되면 좋을 것이다. 이런 정책

11장 사회가 행복해야 개인도 행복하다

들이 어우러질 때 비로소 아이를 낳고 싶다는 생각이 들지 않을까?

'낳은 아이를 잘 키워서 제 몫을 하게 하는 보육과 교육'에도 관심을 가졌으면 좋겠다. 그래야 아이를 키우는 부모들이 둘째 출산을 망설이지 않게 된다. 그동안 우리는 출산을 장려하는 쪽에 주로 신경을 썼다. 세상에 태어난 아이들을 제대로 키워 궁극적으로 '나라의 힘'이 될 수 있도록 하는 정책에는 소홀한 감이 없지 않다. 단순히 인구만 늘어난다고 해서 국력이 커지지는 않는다. 선진국은 교육 문제에 투자와 관심을 아끼지 않는다. 인공지능을 활용해 교육의 질을 높이는 등 기술적인 면도 신경 쓰지만, 무엇보다 인성을 강조하고 있다. 핀란드나 스웨덴의 경우에는 국가 교육 비전의 중점을 학생들의 건강과 삶의 질, 경제적 독립, 민주시민으로서의 자질 등에 두기도 한다.

4차 산업혁명 시대에는 '배려(care), 사랑(love), 연대(solidarity)' 의식이 경쟁력이라고 한다. 우리는 아이들에게 각자가 제 몫을 하는 것이 중요하다는 점을 가르칠 필요가 있다. 모든 학생을 입시 준비에만 열중하게 만드는 것은 바람직하지 않다. 누구나 자신의 잠재력을 한껏 발휘해서 다양한 방식으로 생활을 이어가는 풍토를 만들어야 한다. 민주 시민으로서의 덕성 또한 중요하다. 개인의 성공을 넘어 공동체의 발전에 기여하고자 하는 사람이 늘어날 때, 그 나라는 분명

부강해질 것이다.

아프리카에는 "한 아이를 키우려면 온 마을이 필요하다"는 속담이 있다. 한 아이가 온전하게 자라 제 몫을 다하도록 돌보고 가르치는 일은 가정과 학교, 국가 모두의 책임이어야 한다. '아이 키우기 좋은 나라, 각자가 제 몫을 하는 나라'의 실현이 미래 세대 행복과 우리의 국력 신장으로 이어지기를 기도한다.

기업하기
좋은 나라 만들기

COVID-19 사태가 한창일 때 정부는 피해 경감과 소비 진작을 위해 재난지원금을 나눠 주었다. 분명 많은 사람에게 도움이 되었을 것이다. 하지만 더 좋은 방법은 기업하기 좋은 나라를 만드는 것이라는 생각이 든다. 내수를 굳건히 하려면 경제의 생명줄인 일자리 창출과 구매력 증대가 필요하다. 세금으로 만드는 일자리는 지속 가능하지 않고, 좋은 일자리는 기업의 투자에서 나온다. 기업 투자 활성화가 중요한 이유다. 일자리가 늘어나 국민의 소득이 증가하면 복지 확충에 대한 국가의 부담도 가벼워진다. 결국 기업의 투자 활성화를 위한 환경 조성이 관건이다.

세계은행의 「기업환경평가 2020(Doing Business 2020)」에 따르면 2019년 우리나라는 평가 대상 190개국 중 '기업하기 좋은 나라' 5위를 기록했다. 2014년 이래 상위 5위권의 실적을 줄곧 이어온 것이다. 그럼에도 많은 국내 기업과 외국 기업은 여전히 우리나라의 기업 환경이 좋지 않다고 이야기한다. 실제로 COVID-19 사태의 영향이 없던 2019년 한 해 동안 국내 기업의 해외 투자는 해외 기업의 국내 투자의 4.8배에 이르렀다.

『논어』에 이르기를 "근자열원자래(近者說遠者來)"라고 했다. 가까운 사람을 기쁘게 하면 멀리 있는 사람까지 찾아온다는 뜻이다. 국내 기업의 눈에 기업 환경이 좋지 않게 비치는데 외국인 투자자인들 좋게 느낄 리 만무하다.

기업 투자 활성화를 위해 핵심 분야에 대해서는 한시적으로라도 규제 유예를 적용하면 어떨까? 주 52시간 특별연장근로 인가, 대형마트 의무휴업과 온라인 판매 금지 등이 대표적인 예다. 혁신적 사업 아이디어를 막는 규제와 기득권을 보호하는 정책이 있다면 이를 과감히 정리할 필요가 있다. 그래야 4차 산업혁명과 디지털 경제 시대에 우리나라가 선도적 역할을 할 수 있지 않을까?

법인세와 소득세 부담을 낮추는 것도 방안이다. G7 국가의 경우 기업 투자 유치를 위해 지난 10여 년간 법인세 최고 세율을 평균 5.4%포인트 인하했다. 자국 내 기업 지원은 물론 외국인 투자 기업 유치에 팔을 걷고 나섰음을 눈여겨볼 필요가 있다. 세금 부과 방식도 합리적으로 개선해야 할 것이다. 나는 글로벌 기업 CEO 등을 자문하는 일을 하면서 그들의 목소리를 듣는다. 가령 제품의 수입 가격을 낮게 책정하면 관세는 적게 내지만 판매 이익이 많이 계상되는 만큼 법인세는 더 내게 된다. 관세청은 세수입을 늘릴 목적으로 이를 문제 삼아 관세를 추징하고 해당 수입업자로 하여금 국세에서 환급받도록 한다. 국가 세입 규모로는 차이가 없음에도 국내 외국인 투자 기업 입장에서는 불필요한 세금 납부 절차를 밟아야 하는 모양새다. 본사에서 수출하는 제품 가격은 전 세계적으로 동일해야 하는데 우리나라에 대해서만 가격을 높게 책정해야 하는 셈이 된다. 이런 이유로 난감해하는 경우를 종종 보곤 했다.

노사 관계도 사사로운 이익에 얽매이기보다는 서로 조금씩 고통을 분담하는 모습을 보이면 좋겠다. 2019년 세계경제포럼(WEF)의 국가 경쟁력 평가에서 우리나라 노사 관계는 전체 141개국 중 130위를 기록했다. 국내의 많은 외국인 투자 기업도 같은 시각을 가지고 있다. 한국경영자총협회가 2019년 종업원이 50인 이상인 125개 외국인 투자 기업을 대상으로 조사한 결과, 노조가 외국인

CEO를 부당노동행위로 고발하면 외국인 CEO는 울며 겨자 먹기로 노조의 손을 들어주는 경우가 많았다고 한다. 이런 상황이 반복되는 것 역시 본사에서 한국 사업 철수를 고려하게 되는 요인이 된다.

다국적 기업 사이에서는 COVID-19 사태를 계기로 위험성 높은 가치사슬을 재구성하는 움직임이 일고 있다. 자국 혹은 비교적 거리가 가까운 국가로 생산기지를 옮기거나 중국에서 아시아의 다른 나라로 공급망을 옮기는 것도 그 사례에 해당한다. 그들이 다변화를 시도하며 염두에 두는 국가는 결국 기업하기 좋고 주변에 수출 시장이 잘 구비된 곳일 것이다. 우리나라는 IT 강국으로 중국이나 일본과 같은 큰 시장을 옆에 두고 있다. 지금이 다국적 기업의 허브가 될 수 있는 절호의 기회다.

다행히 우리 정부도 각종 대책을 속속 마련하며 기업의 부담을 덜어주기 위해 노력하고 있다. 하지만 국제적 기준이나 업계 현실에 비추어볼 때 여전히 미흡한 부분이 있는 만큼 더욱 적극적으로 보완해나가야 할 것이다. 기업은 국가 경제의 근간이다. 기업 활력 회복에 더욱 힘을 쏟아서 보다 많은 국민이 경제적 안정과 복지를 누릴 초석을 다졌으면 한다.

11장 사회가 행복해야 개인도 행복하다　●　248

기술 진보가
불평등을 확대하지 않도록

2015년 국제통화기금(IMF)에서는 전 세계적으로 심화되고 있는 소득 격차의 원인과 파급 영향에 관한 논문을 내놓은 바 있다. 지난 수십 년 동안 선진국의 소득 격차는 더욱 심해졌고, 개도국에서도 교육·의료·금융에 있어 기회의 불평등이 여전하다는 진단이었다. 첫 번째 원인으로 기술 진보, 그다음 원인으로는 세계화가 꼽혔다. 기술 진보의 영향을 많이 받는 선진국일수록 이러한 현상이 두드러진 것으로 분석되었다. IMF는 경제발전 정도와 관계없이 저소득층에 대한 교육·의료·금융 정책, 노동 관련 제도도 불평등에 영향을 미치고 있다고 주장했다. 모든 나라에 통용되는 처방은 없겠지만, 국민 삶의 질을 높이기 위한 정책을 펴는 것이 격차 해소는 물론 좀 더 포용적인 번영을 이어가는 방안임을 강조하기도 했다.

기술 진보는 인류의 삶을 안락하고 풍요롭게 하는 장점이 있다. 생산성 향상을 통해 경제성장에 도움을 주는 까닭이다. 하지만 기술 진보로 인해 피해를 보는 사람이 생겨날 수 있다는 것도 엄연한 사실이다. 고속도로 이용 시 하이패스를 사용하게 되면서 도로공사 직원이 줄어들거나 은행에 자동 현금인출기가 도입되어 일자리를 잃는 은행원이 생기는 경우가 단적인 예다. 요즘은 식당에서 음식을 주문하거나 주문한 음식을 받을 때 종업원 대신 기계를 상대하기도 한다. 이렇게 줄어드는 일자리는 어떻게 메워야 할까?

미국 MIT의 에릭 브린욜프슨(Erik Brynjolfsson) 교수와 앤드류 맥아피(Andrew McAfee) 교수는 일찍이 "디지털 기술은 풍요의 엔진이면서 격차의 엔진이다"라고 말했다. 디지털 기술 시대에는 기술과 자본 면에서 우월한 위치에 있는 소수에게 부가 몰리면서 소득 격차가 더욱 심해진다는 것이다. 소득 불평등 문제의 권위자이자 2015년 노벨경제학상을 받은 앵거스 디턴(Angus Deaton)에 따르면 지난 30년 동안 이룩해온 기술 진보는 숙련도가 높은 사람에게 유리하게 작용했다. 그 결과 소득 격차가 커졌다는 것이 디턴의 지적이다. 앞서 언급한 IMF의 보고서도 같은 진단을 내놓고 있는 만큼 이제 인류는 새로운 결단이 필요하다.

어느 정도의 소득 불평등은 사람들의 근로 의욕을 고취하는 등 순기능이 있다는 견해도 있다. 하지만 불평등이 심해지면 저소득층의 근로 의욕을 꺾으며 사회 안정을 해치고, 결국에는 경제발전을 저해하는 요소가 된다. 우리는 코로나 사태를 극복하는 과정에서 소득이 낮은 나라일수록 기술 진보의 혜택에서 소외될 수 있음을 익히 경험했다. 선진국과 저개발국의 백신 접종률을 비교해보면 이 사실은 더욱 명확해진다.

오늘날 대부분의 과학기술은 전 세계 인구 중 구매력이 있는 10%를 대상으로 개발된 것이다. 따라서 나머지 90%를 위한 기술을 개발해야 한다는 주장도 있다. 첨단기술은 아니어도 중간 수준의 실용적인 기술을 개발해서 대중에게 비교적 저렴한 가격으로 보급하면 격차 문제 완화에 도움이 될 것이라는 취지다. 독일 태생의 영국 경제학자 에른스트 슈마허(Ernst F. Schumacher)가 그 선봉에 서 있다.

4차 산업혁명 시대의 도래와 함께 새로운 기술의 출현은 가속화될 것이다. 지능정보사회의 편익 때문일까? 새 기술과 그 효과에 대한 기대감이 그 어느 때보다 높은 듯하다. 하지만 이제는 기술 진보를 삶의 질 개선과 함께 모두의 성장을 위한 수단으로 삼아야 할 시점에 와 있다. 더욱 많은 사람이 기술 진보의 혜택을 받을 수 있도록 고민해야 한다. 무엇보다 기술의 사각지대에 있는 사회적 약자가 소외되지 않도록 '포용적 기술 진보'를 추구하는 일이 급선무다. 기술 진보로 인해 생업을 잃은 사람도 다시 일할 수 있게끔 국가가 재교육 프로그램을 포함한 각종 사회 안전망을 치밀하게 준비해서 실행해나가야 할 것이다.

사회적 약자에 대한 배려는 결코 소홀히 할 수 없다. 고령층이나 신체장애인처럼 몸이 불편한 사람이 각종 디지털 기기를 제대로 활용할 수 있도록 하는 일도 중요하다. 예를 들어 지하철 이용 시 승강기 정보를 파악할 수 있는 앱 지도를 개발하는 것이다. 물론 이런 기술은 소비자층이 협소한 만큼 시장 진입이나 성공이 쉽지 않다. 따라서 현장의 기술 수요를 좀 더 면밀하게 파악하고, 실패를 보완할 수 있게끔 공공의 역할을 확대해야 한다.

'디지털 디바이드(digital divide)'라는 용어는 이제 우리에게 낯설지 않다. 디지털을 이용할 줄 아는 계층과 그렇지 못한 계층 간의 격차가 사회문제로 대두되고 있는 까닭이다. 하지만 기술 진보에 따른 격차 문제는 아직 크게 주목받지 못하는 것 같다. 이런 때 미국과 일본 등 주요 선진국은 기술 진보를 통해 경제성장과 사회문제 해결을 함께 도모하는 방향으로 나서는 모습이다. 미국 정부는 특별 기금을 설치하여 사회적 기업의 기술혁신을 지원하고 있다. 일본 역시 민관 협력으로 의료와 환경, 에너지 등 국민 생활과 밀접한 분야의 기술 개발 활성화에 힘쓰는 중이다.

이와 같은 모습은 우리에게 시사하는 바가 크다. 4차 산업혁명이 지배하는 미래 사회는 어디까지나 기술이나 제품 그 자체보다 사람이 중심이어야 한다. 기술 진보가 '다른 사람의 문제'가 아닌 '내 삶의 문제'를 해결하는 방향으로 이루어진다는 믿음이 우리 사회에 널리 퍼진다면 좀 더 활력 있고 따스한 세상이 오지 않을까?

새로운 시대에 걸맞은
새로운 직업관

"직업에 귀천이 없다"는 말이 있다. 하지만 현실은 다른 듯하다. 직업에 따라 사람의 서열을 매기고 차별하는 일이 끊이지 않는다. 2017년 국내 취업 포털업체가 성인 남녀 2,236명을 대상으로 한 조사에서 52%는 '직업에 귀천이 있다'고 응답했다. 이런 현상은 조선시대부터 내려온 사농공상(士農工商)의 가치관에서 기인한 것이 아닌가 싶다. 그 시대에는 선비(士)들이 우대받았고, 농부(農), 장인(工), 상인(商)의 순으로 존비가 결정되었다.

사농공상이라는 말은 중국 춘추시대에 관중이 저술한 『관자(管

子)』에 처음 등장한다. 하지만 그는 "사농공상, 네 백성은 나라의 초석(士農工商四民, 國之礎)"이라는 말로 백성들이 하는 일을 분류했을 뿐, 차별을 두지는 않았다. 그런데 조선시대에 학문을 중시하고 상업을 경시하는 유교적 가치관이 자리를 잡으면서 사농공상의 개념도 달라졌다. 단순히 직업을 구분하는 것이 아니라 사회적 계층을 나타내는 말이 된 것이다.

이제 농·공·상 사이의 차별의식은 상당히 희석된 것 같다. 실용주의적 가치관이 발달하고 자본주의사회로 진전해온 결과일 것이다. 오히려 기술이 없으면 개인의 장래는 물론 국가 경제의 미래도 없다는 인식이 널리 퍼져 있다고 할 수 있다. 사람들은 성공한 장인이나 상인을 부러워하고 존중한다. 농업으로 높은 소득을 올리며 윤택하게 살아가는 사람도 많다. 다만 너도나도 의대를 선호하는 현상을 보면 과학이나 기술이 디지털 혁명의 흐름에 상응할 정도로 우대받지는 못하는 것 같다.

반면 사(士)는 어떠한가? 안타깝게도 여전히 선망의 대상이다. 통계청의 「2024년 5월 경제활동인구조사 청년층 부가조사 결과」에 따르면, 청년층(15~34세) 취업 준비생 10명 중 2명이 공무원 시험을 준비하는 현실이다. 물론 이는 일반 기업체 취업 준비생 비율(29.7%)보다는 낮으나, 사(士)에 대한 선호도가 높다는 얘기다. 이런저런 행사에서도 국회의원이나 고위 관료 등 정관계 인사들이 다른 직업군에 비해 특별하게 대우받는 모습을 볼 수 있다.

우리나라는 시장이 제대로 확립되지 않고 이렇다 할 자원도 없는 상태에서 경제개발을 시작했다. 그래서 정부가 시장의 역할을 하며 경제개발을 주도할 수밖에 없었고, '경제개발 5개년 계획'의 틀에 맞춰 한정된 자원을 배분하는 역할도 담당했다. 그 결과 정치 민주화와 경제발전이 성공적으로 이루어졌다. 그 주역은 정부, 즉 사(士)였다. 이런 과정을 거쳐 우리나라는 세계 10위권의 경제 강국으로 발전했고, 세계 10대 무역국이 되었다. 이제는 정부의 역할이 달라져야 할 때다. 정부는 시장의 규칙을 세우고, 그 규칙이 제대로 지켜지는지 감시하는 심판으로서 존재하면 될 일이다.

최근에는 우리나라에도 직업에 귀천이 없음을 증명하는 청년들이 늘고 있는 것 같다. 2022년 말 한 언론은 명문대 출신 청년이 도배공으로 일하는 사연과 함께 버스 기사, 건설소장, 해녀 등 다양한 직업을 가지고 살아가는 20대들의 이야기를 보도한 바 있다. 학력이나 성별을 불문하고 사무직이 아닌 블루칼라 직종에 과감하게 뛰어드는 청년들이 느는 추세라는 것이다.

교육부와 한국직업능력개발원이 2022년 1월에 발표한 초중고 학생의 장래 희망 직업 조사 결과를 봐도 변화의 조짐이 있는 듯하다.

초등학생의 장래 희망 직업은 운동선수, 의사, 교사, 크리에이터, 경찰관, 요리사, 프로게이머, 배우, 가수, 법률가 순이었고, 중학생은 교사, 의사, 경찰관, 운동선수, 군인, 공무원, 요리사, 소프트웨어 개발자, 뷰티 디자이너, 경영자 순, 그리고 고등학생은 교사, 간호사, 군인, 소프트웨어 개발자, 경찰관, 공무원, 의사, 생명과학자, 경영자, 의료·보건 관련 직업 순이었다. 분야도 다양하지만, 온라인 기반 산업의 발달에 따라 소프트웨어 개발자를 희망하는 학생이 늘어나고 있는 것 또한 고무적이다. 이 조사에서 학생들은 희망하는 직업을 선택할 때 가장 중요하게 고려하는 요소로 '좋아하는 일'을 꼽았다. 우리의 앞날이 그리 어둡지만은 않은 것 같다는 생각이 든다.

무슨 일을 하든 자신의 직업에 긍지와 자부심을 느끼며 당당하게 임하는 것이 요즘의 새로운 경향이다. 독일 철학자 에리히 프롬(Erich Fromm)의 견해를 빌린다면 이런 청년들의 행동 양식이야말로 '소유'를 넘어 '존재'로 나아가는 것이라 할 수 있다. 그는 『소유냐 존재냐』에서 사람이 더 많은 것을 소유할 목적으로 일한다면 끝내 불행에 빠질 수밖에 없다고 말한다. 인간은 소유한 것을 언제든 잃을 수 있기 때문이다. 반면 '존재적 인간'은 더 높은 완성을 위해 사는 까닭에 소유에만 집착하지 않고 매사에 당당할 수 있다. 지적 창조력이나 이성, 사랑과 같은 존재적 가치는 실행하면 할수록 커진다는 것이 프롬의 시각이다.

이제는 사농공상이라는 말을 계층 구분이 아닌 역할을 구별하는 용어로 사용하면 좋겠다. 이 대목에서 우리는 2,500년 전에 출간된 『논어』의 내용을 되새길 필요가 있다. 『논어』의 「안연」편에서 제나라 경공은 공자에게 '정치'를 묻는다. 이에 대한 공자의 답은 간단명료하다. '군군신신부부자자(君君臣臣父父子子)', 즉 임금은 임금답고, 신하는 신하답고, 아비는 아비답고, 자식은 자식다워야 한다는 것이다.

저마다 자신의 위치에서 주어진 역할을 제대로 해낸다면 개인은 물론 국가 차원의 행복지수도 높아질 것이다. 분야에 상관없이 서로의 일을 인정하고 존중할 때, "직업에 귀천이 없다"는 말도 그 빛을 발할 것이라 믿는다.

이제는 사회 통합에
힘을 쏟아야

대한민국은 '빈곤에서 다이어트에 이른(from poverty to diet)' 경제성장과 정치 민주화를 동시에 이룬 나라로 인정받고 있다. 2024년 현재 국토 면적은 세계에서 100위 안에도 못 들 만큼 작지만, 인구는 5,168만 명으로 세계 29위를 기록하고 있으며, 국내총생산(GDP)은 1.7조 달러 수준으로 세계 10위권이다. 수출입 규모도 1조 달러를 훌쩍 넘겨 세계 8위다. 2021년 유엔무역개발회의(UNCTAD)는 우리나라를 개도국에서 선진국 그룹으로 격상시켰다. 1964년 이 기구가 설립된 이후 처음 있는 일이다.

하지만 밝은 면만 있는 것은 아니다. 1인당 국민소득은 3만 6,000달러를 넘어섰지만, 정작 생활은 1만 달러를 달성한 1994년에 비해 나아진 게 없다는 볼멘소리도 들린다. 내 집 마련은 더 힘들어졌고, 생활비 부담에 힘겨워하는 사람도 적지 않다. 이러한 현실을 반영하듯 우리나라는 2003년 이후 줄곧 OECD 평균보다 2배 이상 높은 자살률을 기록하고 있다. 국민소득이 높아진다고 해서 개인의 행복이나 후생 수준이 저절로 나아지는 것은 아님을 깨닫게 하는 수치다. 1인당 소득이 아무리 높다고 한들 많은 사람이 삶의 희망을 잃는다면 무슨 소용이 있을까. 우리는 그런 고소득 국가를 바라는 것이 아니다.

현재 우리나라는 사회 갈등으로 몸살을 앓고 있다. 학문적으로 사회 갈등은 '사회집단이 권력, 사회적 지위, 희소한 자원 등을 차지하기 위해 상대 집단을 의식하며 서로 경쟁하는 상태'를 지칭한다. 다양한 이익 추구와 의견 차이를 인정하는 민주주의 사회에서 갈등은 어쩌면 자연스러운 현상일 수 있다. 그 갈등을 제대로 관리만 한다면 국가 발전의 에너지가 될 수도 있다. 사회 갈등을 해결하는 과정에서 제도가 개선되거나 결집력이 높아지기도 하기 때문이다. 하지만 우리의 경우 이념, 빈부, 노사, 세대에 이르기까지 꼬리에 꼬리를 물고 일어나는 갈등이 많은 이에게 상처를 주고 있다. 지역주의로 인해 지방자치단체끼리 대립하는가 하면, 이익단체나 시민단체마저도 서로를 비난한다. 끊이지 않는 사회 갈등이 나라 발전의 발목을 잡는 양상이다.

선진국도 정치, 노사, 환경 등 다양한 분야에서 갈등을 겪지만, 타협과 화합, 중재 등을 통해 그 위기를 넘기고 있다. 이해관계가 첨예할수록 정부가 직접 나서기보다 전문기구를 통해 결론을 도출하려고 시도한다. 그 덕분에 일단 도출된 결과에는 승복하는 문화가 확립되어 있다. 정책의 준비 단계부터 이해관계자를 참여시켜 나중에 나타날 수 있는 갈등을 최소화하기도 한다.

스웨덴의 경우 한 정당에서 새로운 법안이나 정책을 제안하면 무조건 국가조사위원회라는 기구의 검토를 거치게 되어 있다. 국가조사위원회는 해당 법인이나 정책이 국익에 도움이 되는지, 국민의 이해관계에 부합하는지 등을 따져본다. 우선 국민의 의견을 충분히 들은 뒤 전문가들이 가장 바람직한 대안을 도출하도록 한다. 일반 국민은 물론이고 여당이든 야당이든 그 결과를 수용하는 것이 관례화되었다. 네덜란드는 대형 국책사업의 계획 단계부터 국민 의견을 듣고 최적의 결론을 얻어내려 노력한다. 선진국들의 이러한 사례는 신뢰를 바탕으로 상대방의 목소리에 귀 기울여가며 합리적으로 타협하는 지혜를 일깨워준다.

지금이야말로 사회 통합에 힘을 쏟을 때다. 우리나라는 지금 온 나라가 사실상 반으로 갈라져 서로 반대편을 향해 돌진하는 모습이다. 전 국민의 역량을 결집해도 치열한 국제 경쟁을 헤쳐나가기가 녹록지 않은 상황인데, 과연 누구를 위한 분열이며 갈등인가?

이익집단 연구의 권위자인 미국의 경제학자 맨커 올슨(Mancur Olson)은 1982년에 펴낸『국가의 흥망성쇠(The Rise and Decline of Nations)』에서 독일과 일본에 관한 흥미로운 연구 결과를 내놓았다. 두 나라는 이익단체들의 치열한 경쟁이 자국에 많은 해악을 끼치는 상황이었으나 2차 대전의 패배와 함께 이 단체들이 해체된 후 빠르게 경제 재건을 이룩할 수 있었다는 것이다.

사회 통합은 우리에게 주어진 중요한 과제다. 사회 갈등이 집단이기주의를 관철하는 수단이 되어 사회 통합을 해치는 한 우리나라의 앞날은 어두울 수밖에 없다. 이해당사자 간에 상호 신뢰와 관용의 정신을 바탕으로 한 소통이 활발하게 일어나는 문화를 조성하자. 무엇보다 지도층의 솔선수범이 절실히 요구된다.

[에필로그]

"이야기에서 중요한 것은 그 길이가 아니라 내용이다. 인생도 마찬가지다."

고대 로마제국의 현인 세네카의 말이다. 『해리 포터』 시리즈를 쓴 조앤 K. 롤링은 2008년 하버드대학에서 「실패가 가져다준 뜻밖의 이득과 상상력의 중요성(The Fringe Benefits of Failure, and the Importance of Imagination)」이라는 제목의 연설을 하며 이를 인용했다.

100세 시대의 도래와 함께 우리의 수명은 분명 길어지고 있다. 하지만 그 긴 여정이 우리에게 축복이 될지, 재앙이 될지는 어떤 삶을 사느냐에 달려 있다. 그러므로 장수 시대에 대한 대비는 이제 선택이 아닌 필수가 되었다.

평균수명이 늘어난다는 것은 단순히 노화 상태가 길어지는 것이 아니라 노화 역시 늦어지는 것을 의미한다. 최근에는 60대, 70대도 50대 못지않은 건강을 유지하는 경우가 많다. 수명 연장과 더불어 생명의 진행 주기도 느려지고 있다는 얘기다.

그런데 우리 사회의 제도나 시스템, 그리고 의식은 여전히 '80세 시대'에 맞춰져 있다. 대다수의 인생 계획이나 정부 정책도 60세 전후에 은퇴해서 80세 무렵까지 사는 것을 전제로 하고 있다. 이제는 '건강하고 활동적인 100세'를 새로운 표준(new normal)으로 삼는 100세 시대 패러다임으로 전환할 때다.

그렇다면 80세 시대와 100세 시대 사이에는 어떤 차이가 있을까? 80세 시대에 장수란 단순히 오래 사는 것(living longer)일 뿐이었다. 따라서 노인에 대해서도 '사회적 부담'이라는 부정적 인식이 있었다. 하지만 100세 시대에는 노인을 '사회적 자본'으로 인식하고 품위 있게 잘 사는(living well) 세대로 인식할 필요가 있다. 특히 교육과 고용 측면에서 80세 시대에는 은퇴 이후 더 이상 일하지 않는다는 생각이 지배적이었던 반면, 100세 시대에는 은퇴 후에도 일하는 삶을 지향하게 될 것이다. 전 생애에 걸친 교육과 사회 활동이 필요한 이유다.

결국 100세 시대 대비는 시대적 변화에 맞는 새로운 프레임을 통해 새로운 시각으로 이루어져야 한다. 오래전의 기준에 따라 '젊은 노인'을 대하는 방식으로 100세 시대를 대비하는 데는 한계가 있다. 오늘날의 노인들은 과거의 노인들과 달라야 한다.

정부의 정책적 지원도 빼놓을 수 없는 요소다. 하지만 정부의 재정적 능력에도 한계가 있는 만큼 '정부가 알아서 준비하고 보호해주겠지' 하고 기대하는 것은 위험하다. 각자가 주도적으로, 그리고 전 세대가 참여하는 형식으로 100세 시대를 준비해야 할 것이다. 누구든 100세까지 살 수도 있다는 현실을 받아들이면서 스스로 신체적 건강과 경제적 안정을 도모해야 한다. 사회 활동을 통해 삶의 질을 높이려는 노력도 마찬가지다.

우리보다 한발 앞서 100세 시대를 준비해온 선진국들은 노인을 '사회적 자산'으로 인식하며 문제해결의 실마리를 찾고 있다. '그레이(gray) 쇼크'를 '행복한 실버 사회'로 바꿔가는 것이다. 이들 선진 사회에서는 일정한 '노력'이 뒷받침된다면 장수가 축복일 수 있다는 인식이 확산되고 있다. 우리나라도 역동적인 100세 시대를 맞으려면 인구 노화에 대한 생각을 과감히 바꿀 필요가 있다. 나이가 들어

에필로그　　　　　　　　　　　　　　　　　　265

서도 그동안 쌓은 지혜와 경험을 살려 '생산'의 주체가 될 수 있도록 노력해야 할 것이다.

미래 사회의 여건이 장수 시대를 살아가는 우리에게 유리하게 전개될 가능성도 배제할 수는 없다. 인류는 인구 변화와 경제성장 간의 관계를 놓고 오랜 시간 논쟁을 벌였다. 대표적으로 18세기 토머스 맬서스의 『인구론』과 1972년 로마 클럽의 보고서 「성장의 한계」는 인구 증가가 경제성장을 심각하게 제약할 것이라는 비관적인 예측을 내놓은 바 있다. 하지만 예상과 달리 인구 증가로 인한 파국적 결과는 실현되지 않았고, 부정적 영향도 그다지 크지 않았다. 산업혁명으로 생산성이 급격하게 증가하자, 인구는 구매력과 생산을 견인하는 주요 요인으로 작용하게 되었다. 인구가 오히려 힘이 된 것이다. 이를 토대로 유추해본다면 현재 진행되고 있는 장수 문제와 그로 인해 파생될 것으로 관측되는 부정적인 예견도 경제주체와 시장의 반응, 제도와 정책의 유연한 조정에 따라 상당 부분 빗나갈지 모른다.

어떤 경우든 이 책이 제기한 문제들이 장수 시대를 대비하는 데 있어 도움이 되었으면 한다. 100세 시대를 살아가는 이들의 삶의 질 향상과 사회적 복지비용 부담 완화에 조금이라도 기여할 수 있기를 바란다. 다만 앞서 제시한 방안들은 미래 사회의 변화에 대한 다양한 전망을 전제로 하고 있다. 기술 발달의 수준과 속도에 대한 전망이 어떻게 달라지느냐에 따라 설득력이 약해지는 부분도 생길 수 있다. '100세 시대'를 넘어 '120세 시대'나 그 이상의 장수 시대가 되었을 경우에는 더욱 그럴 것이다.

거듭 강조하지만, 100세 시대에 대한 준비는 각자의 자발적이고 합리적인 자세가 무엇보다 중요하다. 이러한 노력을 가로막는 경직된 제도나 낡은 정책이 있다면 이 또한 바로잡아야 한다. 그래서 미래 우리 자손들이 '살아갈 나라'는 지금 우리가 '살고 있는 나라' 못지않게 '세계 속의 남부럽지 않은 나라'로 발전하기를 간절히 소망하는 마음이다.

KI신서 13534

슬기로운
노후 독립

1판 1쇄 발행 2025년 4월 23일
1판 2쇄 발행 2025년 5월 20일

지은이 오종남
펴낸이 김영곤
펴낸곳 ㈜북이십일 21세기북스

인생명강팀장 윤서진 **인생명강팀** 박강민 유현기 황보주향 심세미 이수진 이현지
표지 본문 푸른나무디자인
출판마케팅팀 남정한 나은경 한경화 권채영 최유성 전연우
영업팀 한충희 장철용 강경남 황성진 김도연
제작팀 이영민 권경민

출판등록 2000년 5월 6일 제406-2003-061호
주소 (10881) 경기도 파주시 회동길 201(문발동)
대표전화 031-955-2100 **팩스** 031-955-2151 **이메일** book21@book21.co.kr

ⓒ 오종남, 2025
ISBN 979-11-7357-244-9 03320

(주)북이십일 경계를 허무는 콘텐츠 리더

───────────────────────────────────────

21세기북스 채널에서 도서 정보와 다양한 영상자료, 이벤트를 만나세요!
페이스북 facebook.com/jiinpill21   **포스트** post.naver.com/21c_editors
인스타그램 instagram.com/jiinpill21   **홈페이지** www.book21.com
유튜브 youtube.com/book21pub

서울대 가지 않아도 들을 수 있는 명강의! 〈서가명강〉
서가명강에서는 〈서가명강〉과 〈인생명강〉을 함께 만날 수 있습니다.
유튜브, 네이버, 팟캐스트에서 '서가명강'을 검색해보세요!

책값은 뒤표지에 있습니다.
이 책 내용의 일부 또는 전부를 재사용하려면 반드시 (주)북이십일의 동의를 얻어야 합니다.
잘못 만들어진 책은 구입하신 서점에서 교환해드립니다.

사람을 해석하는 자,
운명을 바꾼다!

『더 피플』
김동완 지음 | 272쪽 | 22,000원

"명리학과 심리학의 접점에서 발견한 인간관계의 실마리"
40년간 20만 명의 운명을 바꾼
사주명리학자 김동완 교수의 인간통찰!

이 책은 지난 40년간 20만 명의 운명을 바꾼 사주명리학의 대가 김동완
교수의 인간통찰과 동서양 심리학의 정수를 하나로 집대성한 '사람 해설
서'다. 김동완 교수는 동양의 운명론인 사주명리학을 기반으로 MBTI, 에
니어그램 등 서양의 성격론을 융합하여, 나와 타인을 입체적으로 이해하
고, 더 나은 인간관계를 설계하는 구체적인 방법을 제시한다.